Impressum:

Bibliografische Information der Deutschen Nationalbibliothek: Die Deutsche Nationalbibliothek verzeichnet diese Publikation in der Deutschen Nationalbibliografie; detaillierte bibliografische Daten sind im Internet über dnb.dnb.de abrufbar.

© 2019 Holger Meyer

„Herstellung und Verlag: BoD – Books on Demand, Norderstedt".

ISBN 9783748171645

Danksagung

An dieser Stelle sei den vielen Menschen gedankt, die bei der Entstehung dieses Ratgebers geholfen haben. Einerseits durch Lob, Ermunterung und Ergänzungen, andererseits durch wertvolle, konstruktive Kritik. Besonderer Dank gilt:

Benjamin, Hannah, Hendrik und Nicola

Inhaltsangabe   Seite

Vorwort

Dieser Erziehungsratgeber ist ein aus der Praxis heraus entstandenes Werk, das den Anspruch hat, einfach nachvollziehbare und anwendbare Erziehungsmethoden für den Alltag im Umgang mit Kindern zu liefern. Geeignet ist er für Kinder ab dem mittleren Krippenalter bis ins Grundschulalter hinein; grob gesagt für Kinder ab ca. zwei bis sieben Jahren.

Gedacht ist der Ratgeber für alle Personen, die regelmäßig mit Kindern zu tun haben: Eltern, Großeltern, Erzieher, Pädagogen, Lehrer etc. Innerhalb des Ratgebers werden alle diese Personen als „Bezugspersonen" bezeichnet. Bitte beachten Sie bei diesem Werk, dass der inhaltliche Schwerpunkt hauptsächlich bei der Interaktion zwischen der Bezugsperson und ein bis zwei Kindern gleichzeitig liegt! Nur am Rande wird erwähnt, wie Sie sich als Bezugsperson verhalten könnten, wenn es in einer Gruppe von Kindern zu Konflikten sowohl untereinander, als auch mit Ihnen als Leiter / Leiterin kommt.

Wissenschaftliche Erkenntnisse und Theorien finden ihre Berücksichtigung, jedoch versteht sich dieser Ratgeber nicht als wissenschaftliche Lektüre. Kurz, kompakt und leicht verständlich soll theoretisches, psychologisch-pädagogisches Hintergrundwissen vermittelt werden, aus den praktischen Methoden hervorgehen.

Der Ratgeber ist an die Ideologie des Hessischen Bildungs- und Erziehungsplanes angelehnt. Ausgehend davon, dass es nicht die eine richtige Pädagogik gibt, stimmen einige Inhalte mit den

Ansätzen diverser pädagogischer Konzepte wie beispielsweise Waldorf – Pädagogik, Montessori oder freier Konzepte überein. Die Aspekte, die in der praktischen Arbeit – also in der alltäglichen Erziehung – erfolgreich angewendet wurden, sind hier verwendet worden; unabhängig von welchem Konzept sie stammen!

Sie werden in diesem Ratgeber einige Ratschläge und Tipps vorgestellt bekommen, die bei anderen Fachbüchern zum Thema Erziehung nicht aufgenommen sind bzw. dort sogar als veraltet dargestellt werden. Vielleicht werden Sie in anderer, auch wissenschaftlich begründeter Literatur Vorschläge finden, die genau das Gegenteil von dem hier beschriebenen darlegen.

Alle hier aufgeführten Methoden haben aber sehr gute Erfolge erzielt und sich in der Praxis bewährt!

Der Ratgeber ist jedoch nicht dazu gedacht ihn auswendig zu lernen und ihn „haargenau" anzuwenden. Sehen Sie ihn nicht als Ersatz, sondern als Zusatz oder Alternative für andere Werke bzw. für Ihr pädagogisches Handeln. Er soll dazu dienen, Ihnen Erfolge in der Erziehung Ihrer Kinder zu bescheren! Wenden Sie bitte nur die Inhalte und Ratschläge an, mit denen Sie sich auch identifizieren können. Sie werden für sich erkennen, welche Ratschläge bei Ihnen funktionieren und welche nicht. Daher probieren Sie aus und wenden Sie diese an, die Sie persönlich weiterbringen.

Leider und zum Glück muss vorweg schon gesagt werden, dass es für Erziehung kein Patentrezept nach „Schema F" gibt. Jedes Kind ist einzigartig und individuell. Bereits im frühen Alter hat es seine eigenen Vorlieben, Bedürfnisse und Abneigungen, die es zu berücksichtigen gilt und mit denen umgegangen werden muss. Dies macht die ganze Sache aber auch so spannend und vielfältig.

Allerdings gibt es viele allgemeine Ratschläge, die beinahe dann doch generell bei allen Kindern zu funktionieren scheinen. Diese Tipps werden im weiteren Verlauf vorgestellt und anhand einzelner Beispiele verdeutlicht. Es wird gezeigt, wie diese Ratschläge anzuwenden sind und so gewünschtes Verhalten erlernt und ungewünschtes Verhalten deutlich reduziert werden oder sogar ganz verschwinden kann. Sie sollten sich jedoch bewusst werden, dass Erziehung immer wieder Phasen hat, in denen es manchmal sehr mühsam sein kann, bis Erfolge zu erkennen sind. Auch kann es gelegentlich geschehen, dass manche gewünschte Veränderungen dann wieder ins Ungewünschte umkehren, und man wieder von vorne anfangen muss. Seien Sie sich bewusst, dass solche „Rückfälle" stattfinden können und lassen Sie sich dadurch nicht entmutigen. Die Erfolge, die Sie bei einer gelungenen Erziehung erzielen können, sind ein unbeschreibbarer Lohn. Dementsprechend haben Sie viel Spaß und Erfolg mit diesem Ratgeber.

Anmerkung 1:

Dieser Ratgeber ist nur begrenzt bei traumatisierten bzw. psychisch kranken Kindern anzuwenden. Kinder, die bereits extrem schreckliche Erfahrungen in ihrem jungen Leben durchleben mussten, sind sehr besonders zu behandeln. Hierbei ist unbedingt Fachpersonal, beispielsweise Ärzte und Psychologen, zu Hilfe zu holen!

<u>Anmerkung 2:</u>

In diesem Ratgeber wird hauptsächlich auf die Interaktion zwischen Ihnen und dem Kind eingegangen. Dennoch beachten Sie unbedingt, dass auch Sie sich Zeit für sich und Ihre/n Partner/in nehmen. Auch wenn ein kleines Kind sehr viel Aufmerksamkeit benötigt, sollten Sie sich nicht vernachlässigen und <u>gelegentlich</u> Aktivitäten mit Freunden oder dem Partner machen, um wieder Kraft zu tanken.

<u>Anmerkung 3:</u>

Aus rechtlichen Gründen muss erwähnt werden, dass alle Ratschläge dieses Ratgebers keine Erfolgsgarantie darstellen und das gesamte Werk keine Gewähr bzw. Haftung leisten bzw. übernehmen kann. Ähnlichkeiten mit realen Personen (Namen) und Handlungen sind rein zufällig.

<u>Anmerkung: 4</u>

Beispiele werden in diesem Ratgeber *kursiv* und besonders wichtige Inhalte **fett** geschrieben.

<u>Anmerkung: 5</u>

Bei der Entstehung dieses Ratgebers wurde oft die beschriebene Altersklasse (zwei bis sieben Jahre) hinterfragt.

Zum einen haben viele Beobachtungen gezeigt, dass Kinder erst ab einem Alter von ungefähr eineinhalb bis zwei Jahren für die Botschaften eines Erziehenden aufnahmefähig sind. Ab dieser Zeit verstehen Sie Bedeutungen und Auswirkungen ihres Handelns und die Reaktionen darauf.

Zum anderen beschreiben diverse pädagogische Ansätze, dass Kinder ab ca. sieben Jahren eine Neuorganisation ihres Gehirns durchleben. Bis zu diesem Alter sind sie besonders empfänglich für die erzieherischen Maßnahmen dieses Ratgebers.

Kapitel 1: Die Frage nach dem Warum

Beispiel 1:

Gerade vorhin war ich mit meinem Sohn Joshua (4) und Simon (1) einkaufen. Ich hatte die Einkaufstüten in der einen Hand, mit der anderen schob ich den Kinderwagen, in dem Simon lag. Joshua rannte den Hügel hinab, auf die befahrene Straße zu. Zuerst rief ich ihm zu, er solle auf uns warten. Er grinste mich an, drehte sich um und rannte weiter. Dann schrie ich. Ich versuchte ihm nachzurennen, doch mit dem Kinderwagen und den Tüten gelang es mir nicht, meinen Jungen einzuholen. Ununterbrochen rannte er auf die Straße zu. Ich war kurz davor in Panik zu geraten. Zum Glück war ein Mann in der Nähe der Straße, der die ganze Szene beobachtete. Er griff sich Joshua und hielt ihn fest. Die Gefahr war dank dieses Mannes gebannt. Ich verstehe nicht, warum Joshua weiter gerannt ist, obwohl ich ihn so laut gerufen habe und er sich in Gefahr gebracht hat. Was kann ich nur tun, damit so was nicht mehr passiert?

Beispiel 2:

Angelina ist nun schon vier Jahre alt. Wir versuchen es schon lange ohne Windeln, jedoch nur mit mäßigem Erfolg. Immer wieder macht sie sich in die Hose. Schon zig Mal haben wir ihr gesagt, sie soll sagen, wenn sie muss. Und jedes Mal, wenn es klappt, bekommt sie danach ein Stück Schokolade als Belohnung. Wir waren deswegen sogar schon beim Kinderarzt. Dieser meinte aber, es wäre organisch alles in Ordnung. Oft kommt sie zu uns und sagt entweder freudig strahlend oder mit trauriger Mine „Pipi", wobei es dann in beiden Fällen meistens schon zu spät und die Hose eingenässt ist. Meine Frau und ich sind beide völlig ratlos.

Beispiel 3:

Peters Leseleistung ist katastrophal. Er ist bereits in der zweiten Klasse und erkennt immer noch nicht die Buchstaben, obwohl er das schon in der ersten Klasse hätte lernen sollen. Er bekommt schon Nachhilfe, wir kaufen ihm Erstlesebücher oder laden ihm Geschichten herunter. Dabei achten wir extra darauf, dass wir nur Bücher auswählen, die in seinem Alter sinnvoll sind und empfohlen werden. Er kann sich einfach nicht aufs Lesen einlassen.

Diese drei Beispiele haben eines gemeinsam: Die Kinder handeln bzw. verhalten sich anders, als von der jeweiligen Bezugsperson gewünscht.

Dabei sind die Wünsche der Bezugsperson rein objektiv, aus neutraler Sichtweise, sehr nachvollziehbar:

Im ersten Beispiel geht es um die Sicherheit des Kindes. Es könnte sogar lebensbedrohlich werden, wenn das Kind auf eine befahrene Straße rennt.

Beim zweiten Beispiel handelt es sich zum einen um gesundheitliche und hygienische Gründe. Durch Fäkalien können an Haut und Genitalien Krankheiten und Entzündungen entstehen. Zum anderen geht es aber auch um den sozialen Aspekt. Die anderen Kinder werden merken, dass dieses Kind noch in die Hose macht und könnten es dafür ausgrenzen. Aber auch die Eltern des Kindes könnten sich für ihr Kind und sich selbst schämen, da es ihnen und ihrem Kind noch nicht gelungen ist, diesen Schritt, der im Altersdurchschnitt schon längst überfällig zu sein scheint, zu vollziehen.

Im dritten Beispiel sorgt sich das Elternteil darum, dass das Kind in der Schule nicht mitkommt. Einerseits entsteht die Angst, dass das Kind auf eine „niedrigere" Schulform kommt und so eventuellen Chancen beraubt wird. Andererseits geraten die Eltern in eine soziale Sonderrolle, da es auch ihnen nicht gelungen ist, ihrem Kind Lesen beizubringen und es im Vergleich zu anderen Kindern zu „versagen" droht.

Sie selbst werden sicher weitere Beispiele von sich oder aus Ihrem Bekanntenkreis kennen, in denen ähnliche Situationen vorgekommen sind. Obwohl die Eltern nur das Beste für ihr Kind wollen, handelt das Kind entweder nur unzureichend, gar nicht, oder macht genau das Gegenteil. Die Frage die hier gestellt werden muss ist, warum handelt mein Kind so?

Hierbei ist es notwendig, sich in das Kind hinein zu versetzen. Nach dem Psychologen Piaget besitzen kleine Kinder einen „Egozentrismus". Dies beschreibt eine Sichtweise auf die Welt, aus der eigenen Perspektive. **Vereinfacht gesagt, erkennen Kinder nur ihren Standpunkt und können sich nur sehr wenig in die Situation um sich herum oder in die Emotion anderer hineinversetzen**.

Das Kind im ersten Beispiel, Joshua, fand es vielleicht ganz toll, schnell einen Hügel hinunter zu rennen und sich mal von der Mutter zu entfernen. Die Gefahr der Straße, die die Mutter versucht hat ihm durch ihr Schreien mitzuteilen, bemerkte er wahrscheinlich gar nicht. Dieser Egozentrismus endet bzw. das Gespür dafür, sich in die Lage eines anderen Menschen hineinzuversetzen beginnt im Allgemeinen ab ca. sechs Jahren, also zum Eintritt in die Grundschule. Bei manchen Menschen geschieht dies früher, bei anderen kann es bis ins Jugendalter – oder noch länger – andauern.

Uns Erwachsenen muss bewusst werden, dass die Kinder – vor allem Kinder im Kindergartenalter – ihr Verhalten, besonders für uns negatives Verhalten, nicht aus Boshaftigkeit heraus machen, sondern weil es für das Kind zu diesem Zeitpunkt das logischste und einzig Richtige ist!

Kapitel 2: Die Reife des Kindes und Zeitverständnis

Zunächst wird verdeutlicht, was unter dem Begriff „Reife" zu verstehen ist. Dabei gilt es sich die beiden folgenden Fragen bewusst zu machen:

- Was kann ich meinem Kind zutrauen?
- Welche Aufgaben und Anforderungen ist es in der Lage, mit seinen psychischen und physischen Fähigkeiten auszuführen?

Hierzu ein absurdes, sehr abstraktes, aber verdeutlichendes Beispiel:
Herr Müller ist ein sehr fleißiger und ambitionierter Mathematiklehrer in einem Gymnasium. Er möchte nun zeigen, dass man auch schwierige mathematische Themen bereits Kindergartenkindern beibringen kann. Ob ihm dieser Versuch wohl gelingen mag?

Selbst wenn Herr Müller ganz von Anfang an erklärt, was es mit den jeweiligen Zeichen und mathematischen Begriffen auf sich hat, wird der gewünschte Lernerfolg sehr wahrscheinlich bei den meisten Kindern ausbleiben. Die Kinder haben weder die Geduld, noch die geistigen Fähigkeiten für solche Aufgaben. Man kann von einem Kleinkind nicht erwarten, dass es mathematische Gleichungen nach „x" auflösen kann – hierfür fehlt eine Reife, die das Kind erst in den nächsten Jahren erreichen wird.

Kniffliger wird es bei der Frage, mit welchem Alter einem Kind beispielsweise zuzutrauen ist, dass es nicht mehr aus einem Fläschchen, sondern aus einem Becher trinken kann. Machen Sie sich zunächst Bewusst, welchen Leistungen hierfür vollbracht werden müssen: Das Kind muss in der Lage sein, den Becher als Objekt zu erkennen, ihn zu greifen, ihn zum Mund zu führen, daraus zu trinken und ihn wieder abzustellen ohne zu verschütten! Um diese Aktion „Trinken aus dem Becher" durchzuführen, muss sie zuerst vom Kind im Gehirn erdacht und konstruiert werden. Anschließend gilt es die Gedanken in die Tat umzusetzen. Zielgenau müssen die Muskeln im Arm, der Hand und den Fingern gesteuert werden. Dies sind motorische Höchstleistungen, die erst einmal zu erlernen sind. Sie werden darüber einstimmen, dass dies für Neugeborene eine unmögliche Aufgabe darstellt, während es schon mehr als ungewöhnlich und fragwürdig wäre, wenn ein Grundschüler diese Fähigkeit noch nicht beherrscht.

Reife beschreibt also sowohl die Fähigkeit immer schwierigere, zusammenhängende Denkvorgänge und Hirnleistung zu vollbringen, als auch die Verbindung gedankliche, mentale Vorgänge durch Bewegung und Aktivität darzustellen.

Die Frage, die hier aufkommen muss ist, ab welchem Alter kann ich einem Kind was zutrauen? Leider und zum Glück kann dies nicht exakt beantwortet werden, da jedes Kind einzigartig und individuell ist. Einigen Kindern können verschiedene Aufgaben früher und anderen später zugetraut werden.
Manche Kinder verstehen auch schneller, was von ihnen gefordert wird, während andere exaktere Erklärungen benötigen.
Kinder, die zwar biologisch gleich alt sind, können eine unterschiedliche Reife haben! Für die Bezugsperson ist es essentiell sich dies bewusst zu machen. Stellen Sie Kindern nur Aufgaben bzw. fordern Sie nur Verhaltensmuster, die die Kinder überhaupt in der Lage sind auszuführen!

Diese Aufgaben dürfen und sollen auch anspruchsvoll sein, denn durch diese Forderung geschieht ein Auseinandersetzen mit dem Problem, was einen Lernprozess in Gang setzt.
Wenn eine Aufgabe oder Anforderung vom Kind nicht gelöst wird, liegt es an der Bezugsperson zunächst zu überdenken, ob diese Aufgabe für den Reifegrad des Kindes zu schwierig ist und den Auftrag dementsprechend abzuwandeln. Ist eine Anforderung zu schwierig und Sie beharren darauf, dass das Kind sie bewältigt, so kann dies sehr schnell zu Frustration führen. Das Kind kann dadurch schnell überfordert und hilflos werden. Dies kann zu Traurigkeit und Resignation, aber auch zu Trotz, Wut und Aggressivität führen und das Selbstwertgefühl des Kindes beeinträchtigen. Natürlich gibt es eine Vielzahl von Situationen, in denen das Kind sicher reif genug für die entsprechende Aufgabe ist und dieser dennoch nicht nachgeht. Dies wird in den weiteren Kapiteln besprochen.

Eine interessante Beobachtung ist, dass Bezugspersonen häufig dazu neigen, die Reife Ihres Kindes in eine Richtung zu extrem einzustufen: Entweder fordern Sie von dem Kind viele Verhaltensweisen oder Fähigkeiten, die es noch nicht beherrschen kann oder aber, sie trauen Ihrem Kind viel zu wenig zu und nehmen ihm viele Tätigkeiten, die es schon selbst ausführen könnte, ab. Beides – sowohl ständige Über- als auch Unterforderung – ist schädlich für die Entwicklung des Kindes. Es gibt sowohl Bezugspersonen, die beispielsweise von ihrem zweijährigem Kind fordern erste Buchstaben zu lesen, als auch Bezugspersonen, die ihrem neunjährigen Kind immer noch die Schuhe zubinden, da sie diese Aufgabe dem Kind nicht zutrauen.

Fordern Sie als Bezugsperson im Zweifel immer etwas weniger von Ihrem Kind, sodass das Kind die Anforderung erfüllen und dadurch ein Erfolgserlebnis erlangen kann. Erhöhen Sie aber Ihre Anforderungen schnell, wenn Sie merken, dass das Kind unterfordert ist!

Beispiel:

Die Erzieherin im Kindergarten sieht, dass auf dem Boden Papierschnipsel liegen. Sie bittet die dreijährige Sophie dies aufzuräumen. Sophie kniet sich hin und sammelt die Schnipsel auf, trägt sie einzeln zum Mülleimer, kommt zurück und wiederholt diesen Prozess immer wieder, ohne dass es aufgeräumter aussieht. Den Besen und die Schaufel, die neben der Tür stehen, benutzt Sophie nicht.

In diesem Beispiel hat Sophie zwar den Arbeitsauftrag verstanden und führt ihn auch aus. Sie nutzt dafür die ihr bekannten Fähigkeiten: Papierschnipsel aufsammeln und wegbringen. Sie erkennt aber nicht, dass es einfachere und effektivere Möglichkeiten gibt. Entweder könnte sie beispielsweise den Besen und die Schippe holen, oder den Mülleimer zu den Schnipseln hinziehen.

Nun liegt es an der Erzieherin, dass diese Sophie auf die unbefriedigende Situation (Es wird nicht sauber) hinweist. Wahrscheinlich ist Sophie es nicht einmal bewusst, dass ihre fleißige Arbeit „umsonst" ist. Die Erzieherin muss nun einen Weg finden, wie Sophie nach ihren geistigen und physischen Möglichkeiten auf eine neue Idee kommt. Beispielsweise könnte die Erzieherin auf den Besen und die Schippe zeigen und fragen, ob sie damit beim Saubermachen vielleicht etwas anfangen könnte.

Als Anhaltspunkt, um herauszufinden ob eine Anforderung von Ihnen für das Kind zu schwierig ist, können Sie den „4-Sekunden-Richtwert" verwenden: Stellen Sie dem Kind eine Aufgabe oder Anforderung und warten Sie 4 Sekunden ab. Wenn es innerhalb dieser Zeit nicht reagiert, sondern beispielsweise Sie nur unglaubwürdig und verständnislos ansieht oder sehr zögerlich ist, ist dies ein Anhaltspunkt dafür, dass es Ihre Anweisung nicht verstanden hat bzw. es noch nicht reif genug ist, diese zu erfüllen. In diesem Fall liegt es an Ihnen, die Anforderung umzuformulieren, zu vereinfachen oder Hilfe zu geben. Zur Klarstellung: Das Kind soll eine Aufgabe oder Aufforderung nicht in den 4 Sekunden lösen, sondern in dieser Zeit mit seiner Aktivität beginnen.

In engem Zusammenhang mit der Reife des Kindes und ein häufiges Thema im Alltag ist das Zeitempfinden. Im Kindergartenalter sind Kinder oft noch nicht fähig abstrakte Zeitbegriffe wie Minuten, Stunden oder gar Tage zu begreifen. Sie verstehen die Welt und ihre Umwelt besser, wenn sie mit konkreten Dingen konfrontiert werden, die sie mit ihren Sinnen erkennen und wahrnehmen, können.

Oft kommt es daher zu Misslaunen und Streitereien, wenn die Bezugsperson sagt, dass das Kind in fünf Minuten fertig angezogen sein soll, damit alle gehen können. Denn meist geschieht nichts; das Kind macht sich nicht fertig um zu gehen sondern ist darauf eingestellt weiter seine bisherige – oder eine andere ihm gefällige – Aktivität zu machen. Erst ab ca. sechs Jahren setzt die Reife für dieses Zeitverständnis ein.

Eine Möglichkeit kleineren Kindern verständlich zu machen, dass sie sich beispielsweise zum Gehen fertig machen sollen, ist die kommende Aktion voranzukündigen und sie mit bekannten Tätigkeiten, Ritualen oder Bildern und Symbolen zu verknüpfen.

Beispiele:
„Wenn der große Zeiger ganz oben (auf der Uhr) ist, dann gehen wir."
„Sobald Du das Bild ausgemalt hast, kommst Du zum Mittagessen."
„Wenn wir das Buch zu Ende gelesen haben, gehst Du schlafen."

Achten Sie darauf, dass das Kind aus seiner aktuellen Situation nicht „herausgerissen" wird, sondern zumindest einen Teilabschluss findet. Möchte es beispielsweise noch ein Bild mit einer Wiese und Bäumen ausmalen, Sie aber mit dem Kind zusammen einen Termin wahrnehmen müssen, könnten Sie sagen, dass Sie gehen, sobald der eine Baum ausgemalt ist.

Kündigen Sie Aktionen an, gilt es für Sie dann auch konsequent zu handeln (mehr dazu im folgenden Kapitel) und diese auszuführen, da Sie dadurch glaubwürdig für das Kind werden.

Kapitel 3: Motivation, Grundbedürfnisse und Ausnahmezustände

In Kapitel 1 wurde die Frage nach dem Warum beschrieben. Kinder handeln, weil es für sie im Moment gerade das Richtige ist. In diesem Kapitel geht es darum zu erklären, weshalb Kinder manchmal just in den ungünstigsten Momenten anders als von den Bezugspersonen erhofft oder verlangt handeln und sich dabei evtl. ernsthaft in Gefahr begeben. Warum ist es für ein Kind in einem Moment unheimlich spannend in eine Steckdose zu greifen, obwohl es dies schon zig Mal verboten bekommen hat? Weshalb räumt ein Kind erst dann sein Zimmer auf, wenn es etwas dafür bekommt und warum ist dieser Anreiz beim nächsten Mal völlig wirkungslos?

In der Psychologie werden zwei Arten von Motivation unterschieden, die nun vorgestellt werden:

1. Die intrinsische Motivation   2. Die extrinsische Motivation

Intrinsisch lautet nach dem Duden „von innen heraus, aus eigenem Antrieb". **Intrinsische Motivation bedeutet demnach, dass Menschen etwas machen, weil sie es wollen!** Dies gilt natürlich sowohl für Erwachsene, als auch für Kinder. Es interessiert sie, was passiert, wenn sie etwas Bestimmtes machen und ob ihre Fähigkeiten gut genug sind, um eine bestimmte Handlung oder Tätigkeit erfolgreich auszuführen. Neugierde ist hierbei ein starker Motor. Unzählige Beispiele können hier genannt werden:

- *Der Amateur-Marathonläufer,*
  dem bereits sämtliche Glieder
  schmerzen, der aber unbedingt
  von sich aus wissen möchte,
  ob er die Strecke durchhält.

- *Ein 10.000-Teile-Puzzle fertig*
  zu machen.

- *Den Teller leer essen, obwohl*
  man schon längst satt ist.

- *u.v.m.*

Obwohl es keinerlei negative Konsequenzen hätte, wenn man die Aufgaben abbrechen würde, wollen die Menschen diese Aufgaben unbedingt von sich innen heraus erledigen. Sie wollen sich beweisen, dass sie es schaffen und dann stolz auf sich sein können oder einfach nur herausfinden, ob es geht oder nicht. Selbst in dem letzten oben genannten Beispiel, den Teller leer zu essen obwohl man nicht mehr hungrig ist, bei dem man sich durch das Erfüllen der Tat etwas objektives Negatives antut (Gewichtzunahme, Völlegefühl...), versucht man dies zu schaffen. Evtl. erkennen Sie sich ja dabei auch wieder?

Bei Kindern ist dies nicht anders.

Salopp gesagt: Sie entscheiden sich <u>für</u> oder <u>gegen</u> eine Aktivität, weil sie es von innen heraus wollen!

Im dritten Beispiel aus Kapitel 1 will Peter einfach nicht lesen. Objektiv ist dies nicht gut für ihn. Wahrscheinlich weiß er dies auch, weil seine Eltern dies ihm sicher schon erzählt haben und was für negative Konsequenzen es später mal für ihn haben wird, wenn er nicht richtig lesen kann. Dennoch verweigert er den Leseprozess bzw. dafür zu üben. Ihm fehlt dieser innere Wille, das Lesen lernen und können zu wollen.

Diese intrinsische Motivation ist ein Ursprung für effektive Handlungen. Wenn man etwas wirklich will, dann bemüht man sich sehr viel mehr dafür und nimmt Hindernisse in Kauf. Dies ist zwar nicht empirisch belegt, aber nach Erfahrungen her handeln Kinder, je jünger sie sind, desto eher nach ihrer intrinsischen Motivation. Sie wollen das Spielzeug unbedingt haben; wenn sie es nicht bekommen, fangen sie an zu weinen, zu schreien und evtl. sogar zu schlagen und zu treten. Natürlich gilt dies nicht nur für Spielzeug, sondern auch für die vielen anderen Dinge und Aktionen des Lebens.

Leider ist Kindern dabei nicht bzw. nur bedingt bewusst, dass manche Dinge, die sie nach ihrer intrinsischen Motivation unbedingt haben oder erreichen wollen, objektiv sehr schädlich für sich oder andere sein können. Sie wollen beispielsweise unbedingt die Finger in die beiden verlockenden Löcher der Steckdose hineinhalten und schauen, was dann passiert. Und wenn dies nun (berechtigterweise) verboten wird, verstehen sie nicht warum, wollen sich durchsetzen und rebellieren gegen den „Verbieter", also gegen die Bezugsperson. Hierfür nutzen sie die ihnen bekannten Mittel (Schreien, Weinen, Spucken, Schlagen etc.), um an ihr Ziel zu gelangen. Sehr interessant ist hierbei folgende Beobachtung:

Wenn die Kinder durch ihr negatives Verhalten einen Erfolg erzielen, erlernen sie dieses Verhalten und verwenden es beim nächsten Mal erneut.

Beispiel:

Johannes (6) ist mit seiner Mutter unterwegs. Sie kommen an einer Eisdiele vorbei. Unbedingt möchte er nun ein Schokoladeneis bekommen. Seine Mutter verwehrt ihm dies. Daraufhin wird er trotzig, setzt sich auf den Boden und fängt an zu weinen. Das Weinen wird immer lauter, sodass die Leute schon nach ihm und seiner Mutter gucken. Die Mutter, die sich merklich unwohl fühlt, gibt nach und kauft ihm das Eis. Strahlend steht er auf und geht mit seiner Mutter weiter.

Johannes intrinsische Motivation war, dass er unbedingt dieses Eis haben wollte. Vielleicht wollte er sich auch gegen seine Mutter durchsetzen, nachdem sie seinen Wunsch verwehrt hatte. Dadurch, dass seine Taktik aufging, nämlich laut zu schreien und sich massiv gegen seine Mutter zu wehren, bekam er was er wollte. Die Mutter war nicht konsequent und gab ihrem Kind nach, um – verständlicherweise – dieser für sie unwohlen Situation zu entkommen. Nun ist jedoch die Gefahr sehr groß, dass Johannes dieses Verhaltensmuster gelernt hat. Beim nächsten Mal, wenn ihm etwas verweigert wird, könnte er wieder trotzig werden und evtl. dieses Verhalten sogar noch verstärken (er könnte beispielsweise handgreiflich gegenüber seiner Mutter werden), um seinen Willen durchzusetzen.

Neben der intrinsischen Motivation existiert die so genannte extrinsische Motivation. Extrinsisch lautet nach dem Duden „von außen her bestimmt, gesteuert, angeregt". **Extrinsische Motivation bedeutet, man macht etwas, nicht unbedingt weil man es möchte – so wie es bei der intrinsischen Motivation der Fall ist – sondern weil man etwas dafür bekommt; des Ergebnisses wegen**. Menschen, die ausschließlich dafür arbeiten gehen, um Geld zu verdienen, wären ein gutes Beispiel hierfür. Sie erledigen etwas nicht der Sache willen, sondern wegen des Ergebnisses (der Entlohnung).

Selbstverständlich gibt es auch Aktionen, die sowohl auf der Basis der intrinsischen, als auch der extrinsischen Motivation durchgeführt werden: Man möchte etwas erreichen und wird dafür entlohnt.

Der Erfahrung nach ist bei jungen Kindern die extrinsische Motivation noch nicht so ausgeprägt wie bei Jugendlichen oder Erwachsenen. Die Kleinen machen Aktionen eher der Sache wegen und nicht wegen des Ziels. Zweitklässler, die gerne lesen, tun dies, weil es ihnen im Moment Spaß macht und nicht weil sie als gute Leser in vielen Jahren sehr gute Berufschancen haben werden.

Die intrinsische Motivation ist ein sehr intensiverer Faktor. Nur lässt sich aber der Wille des Kindes nicht so einfach bestimmen. Wenn das Kind sich benehmen will, es also für sich selbst einen Sinn darin sieht, dann wird es dieses positive Verhalten auch ausüben. Wenn es für sich erkannt hat, dass es gefährlich ist in die Steckdose zu greifen, dann wird es dies nicht mehr wollen und den Versuch sein lassen.

Und nun die gute Nachricht:

Sie als Bezugsperson können durch Einsatz extrinsischer Motivation die intrinsische Motivation des Kindes versuchen zu beeinflussen bzw. zu erzeugen! Durch die Anwendung gezielter Maßnahmen können Sie dem Kind zeigen bzw. es innerlich dazu motivieren, dass es gut ist nicht blindlings auf die Straße zu rennen. Oder warum es förderlich ist, auch mal zu geben und nicht immer nur zu nehmen.

Wie dieses Verhalten beeinflusst werden kann, wird in den folgenden Kapiteln beschrieben.

Motivation und Verhalten kann jedoch nur erzeugt und gefestigt werden, wenn die **körperlichen Grundbedürfnisse** gedeckt sind oder das Kind sich nicht in einem **Ausnahmezustand** befindet. In beiden Fällen können weder noch so gut gemeinte Ratschläge oder gar strenges Verhalten Veränderungen oder Handlungen bewirken. Das Kind ist in solchen extremen, anormalen Phasen dafür nicht empfänglich und aufnahmebereit.

In diesen Zuständen gilt es für die Bezugsperson entweder wieder die normale Situation herbeizuführen oder einfach abzuwarten bzw. dem Kind Zeit zu geben bis es sich von selbst wieder beruhigt hat. Zu den häufigsten körperlichen Grundbedürfnissen zählen in erster Linie: **Hunger, Durst, Gesundheit und Unversehrtheit sowie Schlaf!**

Stellen Sie sich vor, Sie sind auf der Arbeit und haben seit Stunden nichts gegessen. Neben dem Magenknurren sind Sie auch noch müde. Da können Ihnen auch gut gemeinte Ratschläge Ihrer sonst sehr netten Kollegin extrem nervend erscheinen. Haben Sie dann etwas gegessen bzw. sind Sie am nächsten Tag ausgeschlafen, werden Sie auch wieder besser Ihrer Kollegin zuhören können.

Bei Kindern ist das nicht anders. Nur werden sie häufig anfangen zu quengeln und zu weinen bzw. zu schreien. Kinder in diesem jungen Alter sind meist noch nicht reif genug ihr Bedürfnis zu erklären. Beispielsweise reagieren sie, wenn sie übermüdet sind und Ruhe bräuchten, mit negativen Aktionen und Verhalten auf solche Missstände. Oft lassen sie ihre schlechte Laune dann bei völlig beiläufigen anderen Dingen aus:

Beispiel:

Die vierjährige Michelle ist nach einem langen Ausflug sehr erschöpft und müde. Nun schenkt die Mutter ihr etwas Apfelsaftschorle in einen blauen Becher ein. Michelle fängt darauf hin bitterlich an zu weinen, weil sie aus einem blauen und nicht aus ihrem – wie gewohnten – roten Becher trinken soll. Die Versuche der Mutter Michelle zu beruhigen, scheitern. Die Mutter versteht nicht, weswegen das Kind sich aufregt und wird langsam selbst wütend und genervt, während das Kind eigentlich nur seine Müdigkeit zum Ausdruck bringt.

Speziell das Thema Müdigkeit ist bei Bezugspersonen ein oft kritischer Aspekt. Kinder benötigen viele Pausen und mehr Schlaf, um sich zu regenerieren. Stellen Sie also sicher, dass Ihr Kind sich dann ausruhen bzw. schlafen kann, wenn es dies benötigt. Versuchen Sie Verabredungen und Termine so zu legen, dass das Kind entweder rechtzeitig wieder zuhause ist und schlafen kann, oder dass es an den jeweiligen Orten Ruhezonen gibt, bei denen das Kind Ruhe finden kann. Hierdurch können Sie möglichen Problemen entscheidend vorbeugen.

Sie als Bezugsperson müssen sich im Klaren darüber sein, ob die Grundbedürfnisse des Kindes erfüllt sind. Zuerst müssen diese hergestellt sein, erst dann ist es sinnvoll Anforderungen und Aufgaben an das Kind zu stellen!

Ebenso hat es keinen Sinn das Verhalten des Kindes verändern zu wollen, wenn bei dem Kind ein Ausnahmezustand herrscht. Hat sich das Kind verletzt oder ist es wegen eines akuten Zwischenfalls sehr traurig oder sauer, ist es sehr wahrscheinlich, dass es in dem Moment nicht aufnahmefähig ist. Es muss sich erst abreagieren bzw. wieder den „Normalzustand" erreichen, in dem es aufnahmefähig ist. Hierbei können Sie aber unterstützend wirken, indem Sie das Kind evtl. durch Umarmung, Zuspruch und Nähe trösten, oder durch eine andere Tätigkeit abzulenken versuchen.

Beispiel:

Im Sandkastenspiel hat die vierjährige Simone dem etwas jüngeren Moritz das Spielzeug weggenommen. Moritz bekommt daraufhin einen Wutanfall, und beginnt zu schreien und zu weinen. Seine Mutter kommt zu ihm und tröstet ihn. Sie gibt ihm zuerst etwas zu trinken und zeigt ihm den Vogel, der oben auf einem Ast sitzt. So beruhigt sie ihn durch Ablenkung und Zuwendung. Nach einer Weile ist sein Wutanfall vorüber. Nun kann die Sache mit dem Spielzeug (und mit Simone) geklärt werden.

Eine weitere sehr bewährte Methode, um Kinder, die nur noch schreien und wütend sind zu beruhigen, ist ihnen eine Möglichkeit zu bieten, um wieder zu sich zu kommen. Schicken Sie das Kind an einen ihm vertrauten oder angenehmen Ort, wie beispielsweise sein Kinderzimmer oder eine Spielecke im Wohnzimmer und lassen es dort zur Ruhe kommen. Dies ist dann eine

Mischung zwischen Konsequenz und Ignoranz. Natürlich müssen Sie sich zuvor und währenddessen vergewissern, dass das Kind weder sich noch andere in seiner Wut verletzen oder Dinge beschädigen kann. Sagen Sie dem Kind, wenn es sich wieder beruhigt hat und zu Ihnen möchte, dass Sie dann da sein werden, aber dass Sie in diesem Zustand keine Lösung finden können.

Versuchen Sie unter keinen Umständen, es einem in „Tobsucht" geratenem Kind, welches sich nur aus Trotz negativ verhält, einfach nur „Recht" machen zu wollen!

Sie werden dem Kind dadurch beibringen, dass es mit diesem Verhalten seine Ziele erreichen kann. Demnach lernt das Kind dieses Verhalten häufig zu zeigen, was nicht in Ihrem Interesse ist.

Oft haben Bezugspersonen einen Gewissenskonflikt, wenn sie etwas machen, was ein Kind sauer oder auch traurig macht und das Kind dadurch anfängt zu weinen. Einerseits möchte man eine gute Beziehung zu dem Kind haben, andererseits müssen Grenzen gesetzt werden. Das Kind muss lernen mit Niederlagen und Ungerechtigkeit umzugehen. Genau dies soll es erfahren, indem es nicht immer „nach seinem Kopf" geht und Sie als Bezugsperson leiten und bestimmen. Das Kind erfährt Beständigkeit, wenn Sie Ihre Äußerungen dauerhaft vertreten. Ändern Sie Ihre Aussagen oft, bzw. passt Ihr Verhalten nicht zu Ihren Worten – sie sind nicht kongruent – weiß das Kind nicht woran es ist und wird Ihren Worten immer weniger Beachtung und Glauben entgegenbringen. Seien Sie sich bewusst:

Wenn Ihre Beziehung zum Kind gut ist, wird eine durch Sie verursachte Aktion, die das Kind für einen Moment lang traurig macht, die gute Beziehung nicht gefährden!

Meist ist es so, dass das Kind nur wenige Minuten später wieder zu Ihnen kommt und die Sache schon fast vergessen hat, während Sie noch darüber nachdenken, ob Sie richtig gehandelt haben.

Kapitel 4: Beziehung aufbauen

Es ist ganz natürlich, dass man für Menschen, die man gerne hat, mehr bereit ist zu machen und auch eher ihren Worten vertraut. Man möchte sie unterstützen, fördern und sie nicht enttäuschen oder sie traurig sehen. Dies gilt sowohl für Erwachsene, als auch für Kinder. Der wohl wichtigste Satz dieses Ratgebers lautet daher:

Um eine effektive Erziehung leisten zu können, ist es essentiell, eine gute Beziehung zu dem Kind aufzubauen und zu pflegen!

Die Frage ist, was genau ist eine gute Beziehung, wie erreiche und erhalte ich sie?
Vertrauen, Respekt, Fürsorge und Liebe sind vier wesentliche Inhalte einer guten Beziehung!

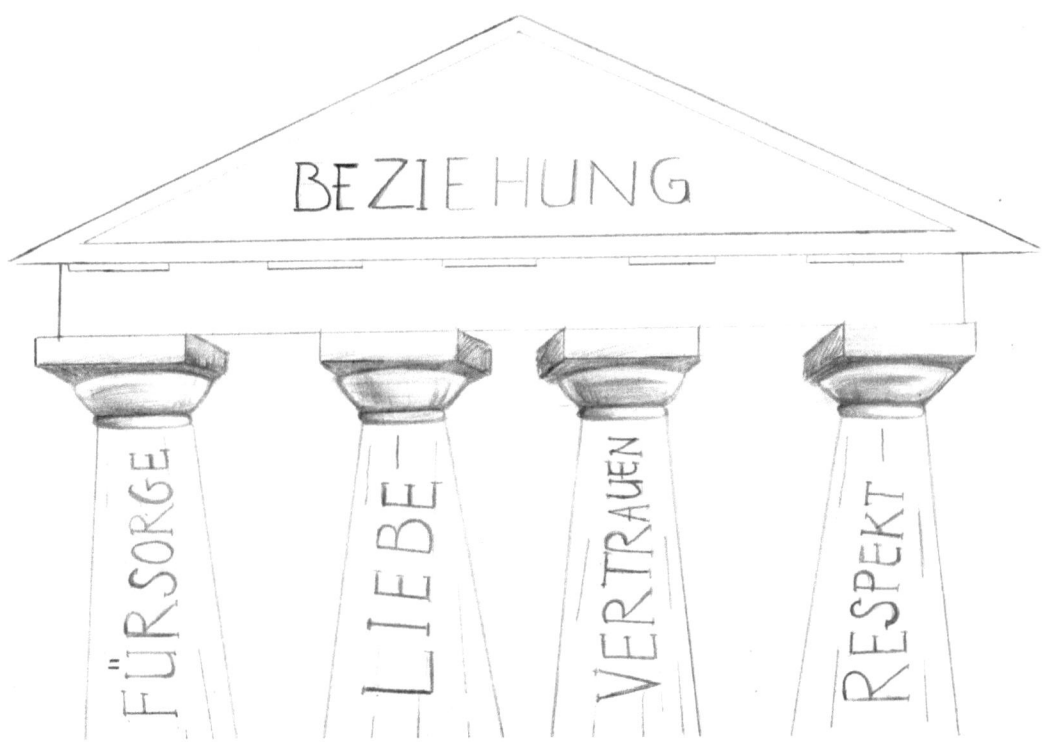

Anmerkung: In anderer Literatur sind es eine andere Anzahl von Säulen, die auch mit unterschiedlichen Inhalten beschriftet sind. Im Grunde verfolgen sie jedoch alle das gleiche Ziel, nämlich eine gute Beziehung zu erreichen.

Es gilt, diese Inhalte dem Kind vorzuleben und beizubringen. Sie gelten also für beide, sowohl für das Kind, als auch für Sie! Das Kind muss Ihnen vertrauen und sich auf Sie verlassen können. Genauso müssen Sie dem Kind zutrauen, das es immer mehr in der Lage ist für sich selbst zu entscheiden. Selbst im jungen Kindesalter, können Sie als Bezugsperson dem Kind zutrauen, beispielsweise alleine für einige Minuten im Kinderzimmer zu bleiben. Oder Sie geben dem Kind den Löffel in die Hand und füttern es nicht mehr. Sie trauen ihm zu, dass es den Prozess des selbstständigen Essens erlernen kann.

Da Sie von ihrem Kind nicht angelogen werden wollen, seien Sie auch ehrlich zu ihm. Sagen Sie dem Kind, wenn Ihnen etwas nicht passt. Oft versuchen Eltern ihren schreienden Kindern alles Mögliche recht zu machen, damit diese zufrieden sind. Dies ist der falsche Weg! Indem die Eltern das machen, belügen sie sich selbst und das Kind: Sie zeigen ihre Gefühle – das Geschreie des Kindes nervt sie extrem – nicht, sondern verstecken sie. Durch die Handlung, dem aktuellen Wunsch des Kindes nachzugeben, übergehen sie das Kernproblem und weichen aus. Sie behandeln quasi das Symptom aber nicht die Ursache.

Je jünger Kinder sind, desto mehr sind Sie als Bezugsperson auch ein sicherer Hafen. Das Kind kommt zu Ihnen, wenn es Sie braucht. Lassen Sie dies unbedingt zu. Kuscheln Sie mit dem Kind oder nehmen Sie es in den Arm. Generell sind Berührungen sehr wichtig für die positive Entwicklung des Kindes, da sie unter anderem Geborgenheit und Zufriedenheit erzeugen. Nicht nur das Kind, auch Sie können Initiative zeigen! Zwingen Sie ihr Kind aber niemals zu Zärtlichkeiten, wenn es dies nicht möchte! Bieten Sie, sofern Sie dies auch wollen, Angebote wie z.B. etwas vorzulesen oder mit dem Kind zu raufen an. Wenn das Kind genug davon hat, wird es von alleine wieder weg gehen wollen. Dann liegt es natürlich an Ihnen es auch ziehen zu lassen. Ein Sprichwort lautet, dass Mama und Papa (und auch weitere Bezugspersonen) zwar ein sicherer Hafen sind, aber das Boot nicht für den Hafen gemacht ist!

Um eine Beziehung aufzubauen und aufrecht zu erhalten, ist es wichtig dem Kind Mut und Zuversicht zuzusprechen. Viele Eltern behaupten, sie lieben ihre Kinder. Ebenso sagen viele Pädagogen, wenn man sie fragt, dass sie ihre Kinder toll finden. In den meisten Fällen sind diese Aussagen auch wahrheitsgemäß. Doch: Wissen dies die Kinder auch? Durch welche Aktivitäten des Erwachsenen, können die Kinder davon ausgehen, dass sie geliebt bzw. gemocht und respektiert werden? Für Sie als Bezugsperson gilt daher:

Zeigen Sie Ihrem Kind, dass Sie es lieben, es anerkennen und wertschätzen! Loben Sie es, fragen Sie nach seinem Befinden, seinen Aktivitäten, Freunden, Vorlieben, Abneigungen etc. Zeigen Sie Interesse für das Leben des Kindes!

Ermuntern Sie Ihr Kind, wenn es eine für sich schwierige Aufgabe zu bezwingen bzw. ein neues Verhalten erlernen soll. Aussagen wie „Du schaffst das, da bin ich mir sicher" oder „wenn Du das willst, dann packst du es auch" können bei Kindern wahre Motivationsschübe in Gang setzen. Trauen Sie sich und wenden Sie diese Methoden an. Sie werden sehen, dadurch wird Vertrauen geweckt und Ihre Beziehung zu dem Kind positiv gefördert.

Reden Sie mit Ihrem Kind und gestehen Sie dem Kind zu, wenn es mal Recht hat und Sie Unrecht. „Nobody is perfect", auch Sie als Bezugsperson dürfen Fehler machen, die Sie ruhig zugeben können. Dies ist keine Schwäche. (Näheres hierzu s. Kapitel 7: Fehler und Unterstützung.)

Sehr wichtig für Kinder ist auch Konsequenz Ihrerseits. Machen Sie, was Sie sagen! Wenn Sie dem Kind Versprechungen machen, dann erfüllen Sie diese! Wenn Sie Konsequenzen aussprechen, dann setzen Sie diese durch! Das Kind weiß dadurch, woran es ist und kann für sich selbst eine innere Ordnung bilden.

Für manche Menschen mag es überraschend klingen, dass zu einer guten Beziehung auch Streit gehört. Es ist sehr wichtig, dass das Kind seine eigene Meinung kundtut und sich gegen Sie und Ihre Anordnungen oder Meinungen wehrt. Lassen Sie das Kind seinen Standpunkt vortragen. Hierzu sind Kinder bereits ab einem Alter von drei Jahren in der Lage. Auch wenn Ihnen manchmal die Inhalte und Argumente des Kindes unsinnig erscheinen, dient dies doch sehr der positiven Entwicklung des Kindes. Es lernt dadurch, in Konfliktsituationen zu bestehen, sich zu positionieren und seinen Willen darzubieten. Wenn das Kind seinen Standpunkt Ihnen gegenüber erklärt und es trotz Ihrer Einwände sein Vorhaben ausführen möchte, dann sollten Sie dies auch gelegentlich zulassen! Sie könnten dann die Person sein, die nachgibt, auch wenn Sie dann „fünf mal gerade" sein lassen müssen. Das Kind bekommt ein Erfolgserlebnis, sich durchgesetzt zu haben. Lassen Sie das Kind ruhig mal etwas ausprobieren. Es kann dann vorkommen, dass das Kind für ein Problem eine Lösung entdeckt, die Sie noch nicht in Erwägung gezogen haben. Denn schließlich führen dass ein oder andere Mal mehrere Wege zum Ziel. Sollte das Kind etwas machen, was nicht funktioniert, dann hat es eben einen Fehler gemacht aus dem es dann lernen kann. Frustrationstoleranz wird gefördert und der Umgang mit Niederlagen wird erlernt. Natürlich sollte bei diesem Vorhaben niemand zu Schaden kommen. Ernsthafte Risiken sind zu vermeiden; in solchen Situationen müssen Sie selbstverständlich sofort einschreiten. Bedenken Sie bei der Erziehung jedoch immer, dass ein Kind ein Kind und kein junger Erwachsener ist! Es hat weder die Rechte noch die Pflichten eines Volljährigen; daher sollten Sie es auch kindgerecht behandeln. In diesem Zusammenhang gilt es für Sie auch zu berücksichtigen, dass Sie nicht der „beste Freund" oder gar der Partner des Kindes sind. Das Kind ist nicht für Ihre Probleme und Sorgen da, sondern umgekehrt: Sie sollen für das Kind verfügbar sein.

Ein weiterer Aspekt einer guten Beziehung ist der Spaßfaktor, der nicht aus den Augen verloren werden sollte. Lachen und freuen Sie sich gemeinsam über die verschiedensten Dinge. Albern Sie zusammen rum, blödeln Sie auch ruhig mal mit Ihrem Kind. Spielen Sie ein Spiel oder machen Sie kindliche Rollenspiele (z.B. so tun als ob Sie mit ihrer Tochter ein Kaffeestündchen halten). Nach vielen Beobachtungen im Alltag, kann gesagt werden, dass Kinder ab ca. fünf Jahren reif genug sind, um erste Ansätze von Ironie zu verstehen. Wenden Sie also deutliche, ironische Mittel in Ihren Aussagen und Handlungen an, bei denen Sie übertreiben oder auch inkonsequent sein können, wobei Ihre Ironie natürlich auch Grenzen haben muss. Sagen Sie auch beim Spiel und Spaß nichts Verletzendes zu Ihrem Kind!

Aktivitäten gemeinsam mit dem Kind zu unternehmen, ist ein wesentlicher Bestandteil beim Aufbau und Erhalt einer guten Beziehung. Ebenso fördert es die Beziehung, wenn Sie dem Kind Aktivitäten zulassen und ermöglichen, die es ohne Sie unternehmen darf, sobald es reif genug dafür ist. Beispielsweise Freunde treffen oder in Vereine zu gehen. Sie zeigen dem Kind dadurch, dass Sie ihm Vertrauen und zutrauen, solche Situationen zu meistern. Erwarten Sie aber auch gleichzeitig nicht zu viel von Ihrem Kind! Besonders Eltern der gehobenen Mittelschicht und Oberschicht neigen dazu, ihrem Kind eine Vielzahl zusätzlicher Aktivitäten am Nachmittag oder nach der Schule vorzuschreiben. Die Zugehörigkeit und die Teilnahme an Sportvereinen oder Musikgruppen ist etwas Hervorragendes. Das Kind ist mit Gleichaltrigen zusammen, übt eine Tätigkeit aus die es mag und zeigt Verantwortungsbewusstsein, indem es sich engagiert. Die Gefahr, die von den übermotivierten Eltern jedoch ausgeht, ist die, dass das Kind durch die Vielzahl völlig überfordert ist. Der folgende „Stundenplan" zeigt beispielhaft die Aktivitäten eines Grundschülers, wie es nicht sein sollte, jedoch immer wieder in sehr leistungsorientierten Familien vorkommt.

Uhrzeit	Mo	Di	Mi	Do	Fr	Sa	So
08:00 – 15:00	Schule und Betreuung	Schule und Betreuung	Schule und Betreuung	Schule und Betreuung	Schule und Betreuung	Für Schule üben, einkaufen gehen, sonstiges…	
15:00 – 17:00	Nachhilfe	Tennis	Nachhilfe	Tennis	Früh-englisch	Tennis Ligaspiel oder Auftritt mit Chor	Alle 2 Wochen: Tennis-turnier
17:00 – 19:00	Tennis	Früh-englisch	Chor	Chor	Tennis		
19:00 – 20:00	Abend-essen	Abend-essen	Abend-essen	Abend-essen	Abend-essen	Abend-essen	Abend-essen
Ab 20:00	Freizeit und Schlafen gehen	Freizeit und Schlafen gehen	Freizeit und Schlafen gehen	Freizeit und Schlafen gehen	Freizeit und Schlafen gehen	Freizeit und Schlafen gehen	Freizeit und Schlafen gehen

Das Kind hat bei so einem intensiven Aktivitätenmuster keine Zeit mehr Kind zu sein. Kind zu sein bedeutet hierbei, dass das Kind Dinge und Aktivitäten für sich selbst ausprobieren, mit Freunden oder mit Ihnen bzw. Bezugspersonen im Zimmer oder draußen auf dem Spielplatz spielen, und sich selbst und seine Umwelt entdecken kann. Auch ist es wichtig, dass Kinder Langeweile haben und nicht ununterbrochen Aktionen machen müssen. In Ruhephasen werden neue Ideen geweckt, ausgeführte Tätigkeiten reflektiert und innere Ordnung gebildet. Kinder, die zu sehr gefordert werden, könnten später schneller unter Burn-Out und Erschöpfungserscheinungen leiden. Aber nicht nur den Kindern, auch für die Eltern bedeutet so ein Umgang auf Dauer immensen Stress. Beispiele hierfür können sein:

- Termine sind exakt einzuhalten
- Kinder müssen teilweise gefahren werden und Sie dienen als Chauffeur
- Material (Kleidung, Instrumente etc.) muss gekauft werden
- Logistische Höchstleistung wird gefordert
- Weitere persönliche Belastungen, die Ihnen gerade Einfallen

Versuchen Sie bei der Zeitplanung Ihres Kindes folgende Punkte zu beachten und anzuwenden:

- **Ein Kind sollte an mindestens einer regelmäßigen Aktivität (Sportverein, Musikgruppe etc.) teilnehmen, sobald Sie meinen, dass es reif genug dafür ist.**
- **Lassen Sie das Kind regelmäßig in etwa gleichaltrige Freunde treffen, mit denen es spielen kann.**
- **Das Kind sollte möglichst eigenständig an dieser Veranstaltung teilnehmen.** Das bedeutet, dass Sie sich als Bezugsperson nur so viel wie unbedingt nötig an dem Geschehen beteiligen sollten. ABER: Erkundigen Sie sich regelmäßig, wie das z.B. Training war. Fragen Sie nach und zeigen Sie ernsthaftes Interesse. Besuchen Sie besondere öffentliche Ereignisse, wie beispielsweise Turniere, Auftritte oder Vorführungen. Ab der zweiten Klasse (also ab ca. 7 Jahren) können Sie das Kind auch einen gewissen (kleineren) Teil der Kosten tragen lassen, wodurch die Identifikation des Kindes mit der Veranstaltung gestärkt wird.
- **Kinder müssen ihre Interessen erst finden.** Hat das Kind beispielsweise bereits nach einigen Wochen kein Interesse mehr Flöte spielen zu lernen, sondern lieber Basketball zu spielen, lassen sie es diesen Sport ausprobieren. Machen Sie aber mit dem Kind aus, dass es eine gewisse Zeitspanne (etwa 2-4 Monate) die Aktivität durchhalten muss.
- **Lassen Sie ihr Kind an nicht mehr als zwei bis vier (je nach Intensität) regelmäßigen Aktivitäten pro Woche teilhaben.**
- **Versuchen Sie, dass mindestens ein Wochenendtag und jeden Nachmittag ca. ein bis zwei Stunden dem Kind gehört.** An diesen Zeiten darf es machen können, „was es will", sofern dies natürlich in den allgemeinen Tagesplan passt und angemessen ist.
- **Versuchen Sie nicht sich selbst durch Ihr Kind zu verwirklichen.** Zeigt Ihr Kind intensives Interesse für etwas, fördern Sie es weiter, durch beispielsweise professionelle Trainer. Bedenken Sie jedoch, nur weil Sie es nicht zum Tennisstar oder zur Starpianistin geschafft haben, müssen Sie Ihr Kind nicht dazu „hinpeitschen"! Sonst setzen Sie es unter immensen Druck und Ihr Kind wird sich aufopfern, nur um Ihnen zu gefallen. Und Sie wollen doch sicher nicht, dass das Kind sich wegen Ihnen quälen muss, oder!?!

Besonders Berufstätige, die abends erst heimkommen und ihr Kind nur wenige Stunden am Tag sehen, neigen dazu, dem Kind alle Wünsche zu erfüllen. Auch bekommen solche Kinder oft materielle, kostspielige Geschenke mitgebracht, sei es das neueste Puppenhaus oder ein PC-Spiel. Zum einen hat man ein schlechtes Gewissen, weil man ja auch Elternteil ist und das Gefühl haben kann, sein Kind zu vernachlässigen. Zum anderen möchte man aber, dass das Kind in dieser verbleibenden kurzen Zeit des Beisammenseins gut gelaunt und freudig ist. Diesen Elternteilen fällt es auch häufig schwer „nein" zu sagen. Genau da liegt aber das Problem:
Kinder haben nichts davon, wenn sie immer nur Recht bekommen! Sie fordern es geradezu heraus, dass ihnen Schranken gesetzt werden. Dadurch wissen sie woran sie sind. Sie erfahren,

bis zu welchem Punkt sie gehen können und wo es Grenzen gibt. Auch die Geschenke, die ab und zu sicher mitgebracht werden können, sollen nicht dazu dienen, dass Sie von Ihrem Kind nur der Geschenke wegen geliebt werden. Unternehmen Sie etwas zusammen, fragen Sie nach dem Alltag des Kindes und zeigen Sie Interesse für das Kind. Dies ist auf Dauer ein weitaus effektiveres Geschenk, als es teure Güter sein können!

Kapitel 5: Verhalten beeinflussen

In diesem Kapitel wird erläutert, wie es Ihnen gelingen kann, auf das Verhalten Ihres Kindes positiv einzuwirken. Dabei gilt:

Positives (also gewünschtes) Verhalten verstärken, negatives (also ungewünschtes) Verhalten ahnden!

Seien Sie sich bewusst, dass dies viel Arbeit und Mühe sowohl für Ihr Kind, als auch für Sie als Bezugsperson bedeuten kann. Durch Ihre Aktionen soll die intrinsische Motivation des Kindes geweckt werden.

Mit positivem Verhalten sind Handlungen des Kindes gemeint, die allgemein erwünscht sind. Beispielsweise mitzuhelfen den Tisch zu decken, rechtzeitig Bescheid zu sagen, wann man auf Toilette muss oder sich in diversen Situationen angemessen und friedlich zu verhalten.

Negatives Verhalten sind Handlungen, die allgemein nicht erwünscht sind, wie beispielsweise nicht zu hören, nicht mitzuarbeiten oder jemand anders zu beschimpfen oder gar zu schlagen.

Diese gewünschten oder ungewünschten Verhaltensweisen hängen meist mit den aktuellen gesellschaftlichen Strukturen zusammen, sind kulturell unterschiedlich und zeitlich variabel. Darüber hinaus sind sie sehr subjektiv – was Sie gut finden, wäre beispielsweise für andere inakzeptabel und umgekehrt.

Das Verständnis dieses Ratgebers von gewünschtem Verhalten strebt Aspekte wie Wertschätzung, Toleranz, Respekt, sowie Mündigkeit, soziale Kompetenzen und Fairness an.

Im weiteren Verlauf wird beschrieben, wie negative Verhaltensweisen reduziert und gleichzeitig positives Verhalten erzielt werden kann. Dabei wird zunächst theoretisches Hintergrundwissen kompakt verdeutlicht und anschließend Anwendungsmöglichkeiten erklärt.

Kapitel 5.1: Positive und negative Verstärkung

Um ein gewünschtes Verhalten zu erzeugen und zu fördern, gibt es in der pädagogischen Psychologie grundsätzlich zwei Möglichkeiten:

1. Positive Verstärkung
2. Negative Verstärkung

Positive Verstärkung bedeutet, dass das Kind etwas bekommt, was ihm gefällt, wenn es etwas Bestimmtes macht.

Eine sehr häufig verwendete Art der positiven Verstärkung sind Belohnungen. Zu Belohnungen zählen entweder materielle Güter, wie beispielsweise Süßigkeiten oder Spielzeug, oder Aktivitäten. Hierzu zählen beispielsweise die Erlaubnis eine Stunde länger aufzubleiben, um eine Fernsehsendung anschauen zu dürfen, Freunde zu treffen oder einen Ausflug zum Spielplatz, Schwimmbad oder Zoo zu machen.

Dem Kind wird eine Belohnung versprochen bzw. in Aussicht gestellt, sobald es ein bestimmtes, gewünschtes Verhalten zeigt oder eine entsprechende Aufgabe lösen soll. Es gibt zwei wesentliche Varianten, wie dem Kind eine Belohnung dargeboten werden kann:

a) Dem Kind wird etwas versprochen, wenn es zuerst eine Leistung erbringen muss.

Beispiel: Wenn Du Dein Zimmer aufräumst, bekommst Du ein Stück Schokolade.

b) Nachdem das Kind eine tolle Leistung erbracht bzw. ein gewünschtes Verhalten gezeigt hat, bekommt es eine Überraschung, die zuvor noch nicht bekannt war.

Beispiel: „Du hast heute so toll mit beim Aufräumen geholfen, dafür darfst Du Dir nun ein Eis aussuchen."

Es liegt an Ihrer individuellen Situation, ob Sie beide Varianten abwechselnd anwenden möchten, oder ob Ihnen eine der beiden genannten Möglichkeiten eine Belohnung darzubringen eher zusagt bzw. Sie bessere Erfolge mit ihr erzielen. Testen Sie es für sich aus!

Um einer Verwechslung aus dem vorherigen Kapitel vorzubeugen: Belohnungen sind nicht mit Geschenken zu verwechseln! Der Unterschied liegt darin, dass eine Belohnung dann gegeben wird, wenn eine Gegenleistung erwartet wird; wenn das Kind beispielsweise gewünschtes Verhalten zeigte bzw. zeigen soll. Ein Geschenk wird ohne diesen Hintergedanken gegeben. Es soll dazu dienen, dass der Beschenkte sich darüber freut und sich zu keiner Gegenleistung verpflichtet fühlt.

Neben Belohnungen gibt es eine weitere Methode der positiven Verstärkung, um gewünschtes Verhalten beim Kind zu fördern und zu erzielen. Eine der stärksten und effektivsten positiven Verstärker sind Lob und Anerkennung bzw. Wertschätzung, die in den weiteren Kapiteln beschrieben werden!

Diese beiden wichtigsten Methoden, Belohnungen und Lob, werden ausführlich im übernächsten Kapitel besprochen. Im folgenden Kapitel werden zunächst die Aspekte Konsequenzen und Ignoranz erklärt. Dies wird so gehandhabt, weil die Mittel der positiven Verstärkung zwar extrem effektiv sind, um ein Ziel zu erreichen, aber die Mittel von Konsequenzen und Ignoranz häufig eine Art Basis bilden! Daher müssen diese Methoden zunächst erklärt werden. Lassen Sie sich bitte durch dieses Vorweggreifen nicht verwirren.

Neben der positiven, gibt es auch die negative Verstärkung. Dabei wird einem Kind etwas, was es bedrückt, abgenommen, wenn es etwas Bestimmtes macht. Wenn das Kind beispielsweise einen schweren Ranzen tragen muss, was ihm nicht gefällt, kann der Vater anbieten den Ranzen zu tragen, wenn das Kind später dafür das Geschirr auf dem Esstisch mithilft abzuräumen.

Positive Verstärkung kann deutlich einfacher angewendet werden, als es bei der negativen Verstärkung der Fall ist. Bei der negativen Verstärkung muss die Bezugsperson erst etwas Negatives finden, von dem das Kind „befreit" werden kann und auch befreit werden möchte!

Der Erwachsene muss also zuerst eine Situation erkennen, zu der er dann handeln kann. Daher kann gesagt werden, dass der Einsatz und die Anwendung der positiven Verstärkung deutlich einfacher ist. Im Weiteren wird daher nur dieser Aspekt genauer betrachtet. Wenn Sie aber in Ihrer privaten individuellen Situation Momente erkennen, in denen Sie negative Verstärkung einsetzen können, testen sie es einfach.

Kapitel 5.2: Konsequenzen und Ignoranz

Neben positiven Verhaltenswünschen gilt es natürlich auch, ungewünschtes Verhalten zu reduzieren oder gänzlich zu entfernen. Hierfür gibt es in der pädagogischen Psychologie drei Möglichkeiten, die hier wie folgt genannt werden:

1. Konsequenzen der Variante I
2. Konsequenzen der Variante II
3. Ignoranz

Die Konsequenzen der Variante I bedeutet, dass dem Kind etwas Unangenehmes zugeführt wird, wenn es ein bestimmtes Verhalten zeigt, dass es nicht machen soll. Beispielsweise wird das Kind geschimpft, wenn es nicht hört.

Die Konsequenzen der Variante II bedeutet, dass dem Kind etwas Angenehmes entfernt wird, wenn es ein bestimmtes Verhalten zeigt, dass es nicht machen soll. Wenn es beispielsweise mit Stiften die Wand anmalt, werden dem Kind seine Stifte, die es sehr gerne hat, abgenommen.

Die dritte Möglichkeit ist Ignoranz. Man achtet nicht darauf und übergeht, was das Kind gemacht hat. Sie schenken seinem Werken und Dasein keine Beachtung. Ihr Kind möchte Ihnen im Allgemeinen gefallen und Ihnen vorführen, was es schon alles kann. Wenn es dann von Ihnen „links liegen" gelassen wird, merkt das Kind, dass es mit diesem Verhalten keine Aufmerksamkeit bei Ihnen gewinnen kann. Entweder wird es das Verhalten dann nicht mehr machen, oder es strengt sich besonders an, um doch eine gewünschte Reaktion von Ihnen zu erhalten.

Möchten Sie die Variante der Ignoranz einsetzen, muss ein wesentliches Merkmal erfüllt sein, dass bei den Konsequenzen der Variante I und II nicht erfüllt sein muss:

Die Variante der Ignoranz funktioniert nur, wenn das Kind eine gute Beziehung zu Ihnen hat! Haben Sie keine gute Beziehung zu dem Kind oder auch fast gar keine (z.B. Erzieher / Lehrer, die neu in eine Gruppe hineinkommen), hat die Methode der Ignoranz nur wenig Auswirkung auf das Verhalten des Kindes, da dem Kind nicht unbedingt wichtig ist, was der oder die Fremde von ihm denkt.

Bei allen drei Möglichkeiten (Konsequenzen der Variante I und II sowie der Ignoranz) gilt:

Dem Kind muss bereits bewusst sein, dass seine Tat ein Fehlverhalten gewesen ist! Wenn das Kind etwas macht, aber es nicht weiß, dass es das nicht machen soll und dann Konsequenzen erfährt oder ignoriert wird, kann die Folge davon sein, dass es unsicher und irritiert sein wird. Evtl. wird es das schlechte Verhalten so lange wiederholen, bis es deutlich mitgeteilt bekommt, ob das Verhalten gut oder schlecht war.

Wie Sie dem Kind sagen und erklären können, dass sein Verhalten nicht gut war, wird im folgenden Kapitel erklärt.

Kapitel 5.3: Anwendung von Konsequenzen, Ignoranz und Verstärkung

Verhalten und Einstellung kann durch positive Verstärkung und alle drei zuletzt beschriebenen Möglichkeiten (Konsequenzen der Variante I und II sowie die Ignoranz) beeinflusst werden.

Eine im Volksmund immer wieder gehörte Äußerung ist, dass Kinder Grenzen und Strukturen benötigen. Junge Kinder wissen oft noch nicht genau, was falsch und richtig ist. „Welche Handlungen sind von mir erwünscht und welche schaden mir oder meiner Umwelt?" Je jünger das Kind ist, desto eher kann davon ausgegangen werden, dass es zwischen richtigem und falschem Verhalten noch nicht genau unterscheiden kann. Dies ist allerdings von Kind zu Kind und in den jeweiligen Situationen sehr unterschiedlich; es kommt auf die individuelle Reife des Kindes und dessen Motivation an. Manche Kinder wissen bereits mit vier Jahren, dass man anderen Menschen keinen Stein an den Kopf werfen darf, andere wissen dies auch mit 10 Jahren nicht.

Natürlich müssen sich Kinder frei entfalten können und sich und ihre Umwelt eigenständig entdecken. Allerdings sollte darauf geachtet werden, dass sie dabei weder sich, noch ihr Umfeld gefährden oder verletzen. Hierbei kommen die Bezugspersonen ins Spiel:

Sie müssen dem Kind durch ein effektives Feedback mitteilen, ob die Aktion, die das Kind gemacht hat, gut oder schlecht ist. Durch Ihre Reaktion lernt das Kind Verhaltensmuster!

Beispiel:

Nico (3,5 Jahre) nimmt seinen Becher mit Kakao in die Hand, und schüttet den Inhalt auf den Tisch. Dabei grinst er seine Eltern an.

Nico erwartet in dem Beispiel eine Reaktion seiner Eltern. Es ist unklar, weshalb er diese Aktion gemacht hat. Es kann sein, dass er provozieren möchte oder aber es lustig findet, die Flüssigkeit nach unten plätschern zu lassen. Es kann auch ein völlig anderer Grund dahinter stecken. Seine Eltern haben nun folgende Möglichkeiten darauf zu reagieren:

a) Sie freuen sich mit Nico und lachen über diesen „Scherz". Sie geben dem Kind also positive Verstärkung. Das Kind merkt sich, alle sind froh, das werde ich bald wieder machen. Nico lernt also, dass dieses Verhalten eine angenehme Folge hat.

b) Sie schimpfen das Kind und geben ihm zu verstehen, dass sie verärgert sind. Sie wenden demnach eine Konsequenz der Variante I an. Sie geben dem Kind ein unangenehmes Gefühl. Das Kind merkt sich, wenn ich das wieder mache, folgt eine unangenehme Konsequenz.

c) Sie nehmen dem Kind den Becher weg (und evtl. noch das Kindermesser und die Gabel). Sie wenden Konsequenzen der Variante II an. Sie nehmen dem Kind etwas weg, was es gerne haben würde. Ähnlich wie bei der Konsequenz der Variante I merkt sich das Kind, wenn ich das noch mal mache, dann folgt eine für mich unangenehme Aktion; mir wird etwas Schönes weggenommen.

d) Die Eltern ignorieren das Kind und essen sich unterhaltend weiter. Das Kind wird die nächsten Minuten nicht betrachtet und generell ausgeschlossen. Hier ist es wichtig zu wissen, ob die Eltern, die eine gute Beziehung zu ihrem Kind haben – was eine Voraussetzung für den Einsatz von Ignoranz als Methode ist – davon ausgehen, dass ihr Kind sich darüber im Klaren ist, dass diese Aktion unrecht war! Wenn dies der Fall ist, hätte das Kind eine absichtliche Fehltat begannen, um seine Eltern zu testen und zu provozieren. Dann wäre diese intensive Ignoranz dem Kind gegenüber belastend für das Kind. Es kann sich ausgeschlossen fühlen. Es merkt sich, wenn ich das mache, werde ich von den mir wichtigen Personen ausgeschlossen.

Bei diesem Beispiel und den Erklärungen stimmen Sie sicherlich den Möglichkeiten b), c) oder d) zu, die alle drei zu vertreten sind. Die Eltern verfolgen das Ziel, dass das Kind lernt, dass seine Aktion schlecht war und es sie nicht mehr wieder machen soll, da es ansonsten unangenehme Konsequenzen bekommt oder ignoriert und ausgeschlossen wird.

Wenn Sie als Bezugsperson sich dazu entschlossen haben, dem Kind für sein Fehlverhalten eine unangenehme Konsequenz folgen zu lassen, können die folgenden Schritte hierbei sehr hilfreich sein, wie Sie die Nachricht dem verständlich übermitteln:

1. **Kann ich als Erwachsener davon ausgehen, dass dem Kind bewusst war, dass seine Handlung unrecht war?** Ist dies nicht der Fall, gilt es dem Kind in Ruhe sachlich zu erklären, dass das, was es gemacht hat, schlecht ist. Eine hierfür oft hilfreiche Methode ist das Kind zu fragen, wie es sich selbst fühlen würde.

Beispiel:

Das Kind hat einem anderen Kind das Spielzeugauto aus den Händen gerissen und möchte nun damit spielen. Sie könnten nun fragen, wie es sich fühlen würde, oder wie es das fände, wenn ihm seine Spielzeuge weggenommen werden würden.

Der Hintergrund hiervon ist, dass das Kind dadurch Empathie und Verständnis erlangt, dass seine vorherige Handlung schlecht war. Um dies noch mal zu verdeutlichen: Kleine Kinder wissen oft nicht, dass das, was sie gemacht haben, Unrecht war! Sie machen diese Aktionen weniger aus Boshaftigkeit, sondern aus Neugierde heraus! Eine ruhige sachliche Erklärung kann bereits im Kleinkindalter ab zwei bis drei Jahren von dem Kind verstanden werden. Wenn Sie dem Kind den Sachverhalt schildern, achten sie darauf, dass:

a) …**das Kind ihnen zuhört**. Gehen Sie hierfür auf Augenhöhe des Kindes (knien Sie sich z.B. hin).

b) …**Sie das Kind direkt mit dessen Vornamen ansprechen**. Dadurch weiß es, dass es gemeint ist und Sie nun mit ihm kommunizieren wollen.

c) …**das Kind Sie ansieht. Denn wenn es an Ihnen vorbei guckt und andere Situationen betrachtet, registriert es Ihre Worte nur teilweise**. Achtung: Oft dreht sich das Kind nach den ersten Worten weg. Stoppen Sie dann Ihren Vortrag und warten Sie kurz, ob das Kind sich Ihnen wieder zuwendet. Wenn nicht, sprechen Sie es an, dass es Sie ansehen soll. Auch Sie sollten während des Gespräches nicht weggucken. Erst wenn der Blickkontakt wieder steht, sollte weitergesprochen werden.

d) …**Sie mit dem Kind alleine sind bzw. nur die Personen dabei sind, die es direkt betrifft**. Schaulustige und Unbeteiligte lenken Sie und das Kind ab und haben in dieser Situation nichts zu suchen.

e) …**es in der Umgebung nicht zu laut ist**.

f) …**Körperkontakt herrscht, sofern das Kind dies zulässt**. Durch die Berührung entsteht ein direkter Kontakt zwischen Ihnen und dem Kind. Halten Sie das Kind sanft aber bestimmt an den Armen oder Handgelenken fest. Manche Kinder benötigen dies, um zu bemerken, dass es in dem Moment um sie geht. Möchte das Kind nicht festgehalten werden – es ist ihm sichtbar unangenehm das es berührt wird oder es wehrt sich vehement gegen den Körperkontakt – dann lassen Sie es los; halten Sie es nicht mit Gewalt fest! Auch hier müssen Sie sich natürlich sicher sein, dass das Kind weder für sich noch für andere eine Gefahr darstellt! Evtl. können Sie wenige Minuten später erneut versuchen, durch Körperkontakt eine Brücke zu schlagen.

2. **Reden Sie in der Ich-Form.** Dadurch wirken Sie authentischer und dem Kind wird bewusst, dass es Sie und nicht irgendjemanden mit seinem Verhalten betrifft.

*Beispiel: Sagen Sie nicht „**Man** findet es doof, dass…", sondern „**ich** finde es doof, dass…"*

3. **Wenden Sie Konsequenzen so zeitnah wie möglich nach der Tat an, damit diese noch in Verbindung mit der Aktion gebracht werden können.** Sie sollten auch nur Konsequenzen wählen, die Sie dementsprechend umsetzen können. Wenn das Kind sich beispielsweise morgens schlecht verhält, ist es unsinnig ihm zu verbieten, abends das Sandmännchen zu gucken. Das Kind soll einen Bezug zu seiner Fehltat und der Konsequenz erkennen können.

4. **Wenden Sie die Methode der Ignoranz nur an, wenn Sie eine gute Beziehung zu dem Kind haben.**

5. **Tadeln Sie <u>niemals</u> das Kind in seiner Persönlichkeit, sondern der Sache wegen, die es schlecht gemacht hat.** Sagen Sie nicht „Ich finde dich dumm" sondern, ich finde es dumm, dass Du … [z.B. den Kakao auf den Tisch gegossen hast. Nun ist alles dreckig und wir müssen sauber machen]. Sagen Sie auch <u>niemals</u> „Du kannst das nicht oder Du verstehst das nicht." Das Kind nimmt dies auf und bezieht es auf sich persönlich. Schnell kann hierdurch das Selbstwertgefühl irritiert bzw. vermindert werden!

6. **Begründen Sie, weswegen Sie das Verhalten schlecht finden** (z.B. weil es nun dreckig ist und wieder sauber gemacht werden muss).

7. **Lassen Sie eigene Gefühle einfließen.** Zeigen und sagen Sie dem Kind, dass Sie von seiner Tat traurig, enttäuscht oder auch wütend auf es sind.

Haben Sie sich für den Einsatz einer Konsequenz entschieden, muss diese auch vollzogen werden. Hierbei ist Kontinuität das oberste Gebot. Halten Sie selbst sich nicht an Ihre eigenen Worte, wird das Kind dies schnell merken und Ihre zukünftigen Konsequenzen nicht beachten, da es sie ja sowieso nicht erfahren muss.

Daher ist es auch nicht ratsam, Konsequenzen auszusprechen, die nicht erfüllbar sind. Beispielsweise „Du gehst jetzt einen Monat lang nur auf Dein Zimmer". Konsequenzen können aber abgemildert werden. Hätten Sie beispielsweise im Eifer des Gefechtes die obige Konsequenz ausgesprochen und das Kind verbringt einen Abend lang auf seinem Zimmer, kann der Fall noch mal aufgerollt und der Rest der angekündigten Konsequenz (oder ein großer Teil davon) erlassen oder abgewandelt werden. Das Ziel der Konsequenz soll sein, dass das Kind merkt, meine Handlung war falsch und so darf ich mich nicht weiter verhalten.

Konsequenzen anzuwenden ist nur dann sinnvoll, wenn Sie dem Kind erklären konnten, weshalb es diese erfährt.

Hierzu ein Beispiel:
Die kleine Patrizia trägt die schwere Salatschüssel hinaus in den Garten. Zuvor hat ihr Vater ihr noch gesagt, dass sie lieber das Brot tragen soll, da die Schüssel aus Glas und zu schwer für sie ist. Dennoch nimmt sie die Schüssel in ihre Hände. Bis auf die Terrasse schafft sie es auch, bevor

ihr das Gewicht zu viel wird und die Schüssel zu Boden fällt und zerbricht. Der Salat vermengt sich mit den Glasscherben und kann somit nur noch in der Mülltonne landen. Patrizias Vater ist verärgert und schickt sie auf ihr Zimmer hoch.

Was meinen Sie, weshalb der Vater verärgert auf seine Tochter ist? Es gibt zwei Möglichkeiten:

1. Er ist verärgert, weil sie nicht gehört hat und dennoch die Schüssel trug?
2. Er ist verärgert, weil sie die Schüssel hat hinfallen lassen, diese nun kaputt ist und der Salat entsorgt werden muss?

Wahrscheinlich ärgert ihn beides. Der Vater hätte in diesem Fall also eine Konsequenz ausgesprochen ohne seiner Tochter zu erklären, weshalb sie diese nun bekommt. Deshalb weiß Patrizia nicht, warum sie nun auf ihr Zimmer geschickt wird. Demnach kann zukünftig keine Verhaltensänderung von ihr erwartet werden! Daher können Sie sich als Bezugsperson merken:

Erklären Sie dem Kind ganz genau, weswegen es eine Konsequenz bekommt und vergewissern Sie sich durch Rückfragen, ob es das Kind verstanden hat!

Du hast nicht auf mich gehört und nun ist die Schüssel kaputt. Ab auf dein Zimmer!

Eine Frage die aufkommen könnte ist, ob nun der Einsatz von Konsequenzen der Variante I, Konsequenzen der Variante II oder Ignoranz am effektivsten und sinnvollsten wäre. Erziehung wäre um ein Vielfaches einfacher (und auch langweiliger!), wenn diese Frage klar beantwortet werden könnte. Dies ist nämlich nicht der Fall! Da jedes Kind individuell und einzigartig ist, reagiert es auch für sich unterschiedlich auf die verschiedenen Aktionen. Und auch jede neue Situation erfordert eine neue Überlegung, welche Art Sie anwenden könnten.

Die Erfahrung zeigt, dass alle drei pädagogischen Handlungsmöglichkeiten – Konsequenz der Variante I und II sowie Ignoranz – abwechselnd angewendet die besten Erfolge erzielen. Der genaue Einsatz ist situationsabhängig und sehr individuell.

Versuchen Sie dies für sich persönlich zu üben und zu festigen. Testen Sie es aus. Verwenden Sie für ihr Kind alle drei Optionen und Sie werden sehen, welche Möglichkeit bei welcher Situation den meisten Erfolg liefert, nämlich dass das Kind sein ungewünschtes Verhalten verringert. Sie werden leider auch feststellen, dass Sie gelegentlich die falsche Option wählen. Auch gestandene Erzieher oder Eltern, wenden immer mal wieder eine Variante an, die nur wenig Erfolg liefert. Mit der Zeit jedoch, werden Sie immer sicherer in Ihrem Umgang werden und zielsicherer die erfolgsversprechendste Variante erwählen. Um es nochmals zu verdeutlichen: Wenn Sie eine Konsequenz verkündet haben, verfolgen Sie diese beharrlich und ziehen Sie sie durch! Eventuell können Sie sie, nachdem das Kind die Konsequenz akzeptiert hat, dann etwas abmildern.

Es gibt eine Vielzahl von Arten, wie Konsequenzen konkret ausfallen können. In der folgenden Tabelle werden einige Verfahren vorgestellt. Überlegen Sie sich, um welche pädagogische Handlungsmöglichkeit es sich jeweils handelt (Konsequenzen der Variante I [etwas Unangenehmes hinzufügen] oder II [etwas Angenehmes entfernen] bzw. um Ignoranz). Die Lösungsvorschläge finden Sie auf der nächsten Seite.

	Beschreibung	Pädagogische Handlungsmöglichkeit
a)	Ihr Kind darf keine Süßigkeiten zum Nachtisch essen	
b)	Es darf eine Zeitlang nicht fernsehen / an den PC / Tablet etc.	
c)	Aus der Gruppe entfernen und ihm Einzelarbeiten geben (z.B. ein unbeliebtes Puzzle machen)	
d)	Sie streichen den Ausflug, den Sie mit Ihrem Kind machen wollten	
e)	Sie beachten das Kind nicht weiter und wenden sich anderen Dingen/Personen zu	
f)	Das Kind muss einen Entschuldigungsbrief/ein Entschuldigungsbild schreiben / malen	

Empfohlene Lösung der Tabelle:

a) Konsequenzen der Variante II; b) Konsequenzen der Variante II; c) Konsequenzen der Variante I und II; d) Konsequenzen der Variante II; e) Ignoranz; f) Konsequenzen der Variante I

Die in der Tabelle genannten Konsequenzen scheinen für Bezugspersonen relativ harmlos zu sein. Allerdings können sie vom Kind selbst als sehr hart empfunden werden, was einen Denkprozess auslösen soll: „Wenn ich mich so verhalte, dann folgt diese Konsequenz. Also verhalte ich mich demnächst anders." Konsequenzen und Ignoranz anzuwenden und zu ertragen macht in der Regel weder dem Kind, noch der Bezugsperson Freude. Durch deren Einsatz soll das Kind eigene Erfahrungen machen und Empathie entwickeln. Es soll merken, weder mir, noch meiner Bezugsperson geht es im Moment gut, wenn ich mich dementsprechend negativ verhalte. Es soll realisieren, dass es Grenzen gibt, die es nicht ohne negative Auswirkungen für sich überschreiten darf. Dadurch findet eine Sozialisation statt und ein Vorbereiten auf das zukünftige Erwachsenenleben, in dem es ebenso Regeln gibt, die eingehalten werden müssen, da sonst unangenehme Folgen drohen.

Beim Einsatz von Konsequenzen gilt immer:
Wenden Sie <u>niemals</u> körperliche oder psychische / seelische Gewalt gegen das Kind an und schüren Sie seine Grundbedürfnisse <u>niemals</u> ein!
„Du gehst jetzt ohne Essen ins Bett" sollte daher vermieden werden. Allerdings könnte das Kind vom Nachtisch ausgeschlossen werden. (Was mit Grundbedürfnissen gemeint ist, kann im Kapitel 3 nachgelesen werden.)

Konsequenzen und Ignoranz sollen bewirken, dass das Kind ungewünschtes Verhalten erkennt und dieses zukünftig unterlässt oder zumindest seine Auftretenshäufigkeit verringert. Es darf weder sich noch seiner Umwelt und seinen Mitmenschen schaden. Nur ist es damit ja noch lange nicht getan. Ist ein fehlerhaftes Verhalten weg, wird das Kind ein anderes Verhalten an den Tag legen. Nun geht es darum, wie ein gewünschtes Verhalten erlernt werden kann. Hierzu dient in erster Linie die positive Verstärkung. Durch diese extrinsische Motivation soll bei dem Kind eine intrinsische Motivation geweckt werden. Das Ziel ist es, dass das Kind durch die positive Verstärkung ein inneres Wohlbefinden erlangt, wodurch es mit sich und seinem Verhalten zufrieden ist.

Wie bereits im Kapitel 5.1 erwähnt, sind Belohnung sowie Lob und Anerkennung zwei effektive Möglichkeiten der positiven Verstärkung. Die Frage ist nun, wann ist welches Mittel einsetzbar und wie sind die Aussichten, dass durch sie das Verhalten dauerhaft zum positiven gelenkt werden kann – und dies aus dem eigenen Interesse des Kindes heraus!

Durch Belohnung wie z.B. Versprechen von Gütern oder Dienstleistungen werden Bedürfnisse geweckt. „Wenn ich das so mache wie ich soll, dann bekomme ich jenes!" Dabei wiegt das ganz Kind ganz ökonomisch ab, ob es sich für die Belohnung lohnt, die Arbeit bzw. das gewünschte Verhalten zu leisten.

Je enger und vertrauter die Beziehung des Kindes zur Bezugsperson dabei ist, desto eher wird das Kind einwilligen. Ist die Belohnung lukrativ genug, wird das Kind sehr wahrscheinlich gewünschtes Verhalten zeigen, was somit ein Erfolg ist.
Belohnungen haben jedoch drei gravierende Nachteile:

1. **Das Kind könnte das gewünschte Verhalten nur der Belohnung wegen zeigen**. Bleibt die Belohnung aus, wird es schnell wieder in alte, ungewünschte Muster und Verhaltensweisen verfallen.
2. **Wendet man Belohnungen häufiger an, will das Kind schnell eine „Gehaltserhöhung" bekommen.** Die eigentliche Belohnung verliert ihren Reiz. Das Kind möchte mehr oder etwas anderes haben, was es mehr begehrt und erst dann dafür wieder das gewünschte Verhalten zeigen.
3. **Erhält das Kind seine Belohnung ist dieses dadurch erzeugte positive Gefühl meist nicht von Dauer und nicht so stark wie eine innere Zufriedenheit.**

Das folgende kurze Beispiel verdeutlicht einen möglichen Verlauf beim Einsatz einer Belohnung: *„Wenn Du jetzt alle Deine Hausaufgaben gemacht hast, dann darfst Du noch etwas spielen gehen."*

Bei diesem sicher nicht unrealistischen Beispiel könnte sich das Kind folgende Gedanken entwickeln:

- Ich habe so viel auf, da verzichte ich lieber auf das Spielen und lass die Aufgaben bleiben.
- O.k., dann mache ich die Hausaufgaben.
- Ich mache die Hausaufgaben nicht und gehe trotzdem spielen.
- Ich will dann aber auch noch eine Packung Kekse dazu haben.

Es ist meist unwahrscheinlich, dass allein durch Belohnung intrinsische Motivation aufgebaut wird. Wäre dies so, könnten alle Kinder wohlhabender Eltern schnell zu „Musterkindern" – im positiven Sinne – verwandelt werden.

Belohnungen sollten daher nicht häufig, sondern nur ab und zu als Mittel zur positiven Verstärkung angewendet werden. Auch sollten es nur Belohnungen sein, deren Wert dem Aufwand entspricht. Soll das Kind nur helfen den Tisch mitzudecken, reicht es aus, es als Belohnung auf einem Platz seiner Wahl sitzen zu lassen. Wichtig ist auch, dass Belohnungen objektiv dem Kind nicht schaden dürfen: Fast jedes Kind liebt Süßigkeiten, jedoch sollten Sie es vermeiden, dem Kind zu oft Naschereien als Belohnung zu geben, da diese in größeren Mengen die Gesundheit des Kindes gefährden können!

Neben dem Belohnen ist der Einsatz von Lob und Anerkennung ein weiteres Mittel der positiven Verstärkung.

Durch die richtige Anwendung von Lob, erfährt das Kind eine Wertschätzung. Es lernt wie es sich verhalten kann und was demnach richtig und falsch ist. **Das Kind richtig zu loben ist eine sehr effektive Verstärkung, die beinahe jederzeit einsetzbar und dazu noch kostengünstig ist!**
Bei der Aussprache und Anwendung von Lob sind folgende Regeln zu beachten:

1. **Loben Sie ein Kind sowohl sachbezogen für seine Leistung, als auch seiner selbst wegen**. Durch Aussagen wie „Ich finde es super, dass Du vorhin Dein Zimmer aufgeräumt hast" entsteht im Kind eine innere Ordnung, da es weiß, weswegen es gelobt worden ist und kann sein Verhalten dementsprechend anpassen. Loben Sie das Kind aber immer nur, wenn es etwas geleistet hat, kann sich sehr schnell Leistungsdruck aufbauen und das Gefühl „ ich bin nur etwas Wert, wenn ich etwas tolles schaffe".

   Sagen Sie dem Kind, dass es ein tolles Mädchen oder Junge ist und Sie es gern haben so wie es ist, entstehen ebenfalls positive Gefühle, da das Kind weiß, es wird gemocht, unabhängig von seinen Leistungen. Loben Sie das Kind aber <u>ausschließlich</u> seiner selbst wegen, wie z.B. bei Aussagen wie „Du bist ein toller Junge", kann bei <u>übermäßiger</u> Anwendung dieser Lobvariante das Kind irritiert reagieren, da es nicht versteht, warum die Bezugsperson dies so häufig sagt. Das Lob kann dann völlig seine Wirkung verlieren und sogar Skepsis gegenüber der Bezugsperson auslösen.

Als Anhaltspunkt kann sich gemerkt werden, dass Sie Kinder, zu denen Sie eine sehr intensive Beziehung haben (wie z.B. die eigenen Kinder oder Enkelkinder), öfter wegen ihrer Selbst loben sollen, als andere, „fremdere" Kinder. In etwa die Hälfte der Lobe bei den eigenen Kindern könnten sachbezogen bzw. seiner selbst sein; bei anderen Kindern sollte deutlich häufiger sachbezogen gelobt werden – mindestens doppelt so viel; eher noch öfter.

2. **Achten Sie beim Loben darauf, dass das Kind dies hört und mitbekommt.** Halten Sie Blickkontakt zu dem Kind und sprechen Sie es direkt an. Unterbrechen Sie die Ansprache, wenn das Kind sich wegdreht oder anderweitig abgelenkt wird. Gehen Sie dabei auf eine Ebene mit dem Kind, also auf Augenhöhe; knien Sie sich beispielsweise vor das Kind hin. Manchmal wollen die Kinder auch kein Lob hören und wenden sich von Ihnen ab. Dann behalten Sie das Lob für sich und gehen Sie in die nächste Situation über.

3. **Loben Sie das Kind nur, wenn Sie dies auch ernsthaft so meinen und es Anlass dazu gibt. Lassen Sie dann auch ihre Gefühle dabei einfließen.** Versuchen Sie Lob in der „Ich-Form" zu sagen. Dadurch wirken Sie authentisch und es zeigt, dass Sie es auch wirklich ernst und anerkennend meinen. Das Kind merkt schnell, wenn Sie es loben, aber es eigentlich gar nicht so meinen. Dadurch verliert das Lob sehr an Wirkungskraft.

Das hast du super gemacht!
Ich bin stolz auf dich!

Die beiden folgenden Beispiele verdeutlichen, wie ein gutes Lob und gelungene Anerkennung gegeben werden können. Dabei wird jedes Beispiel anschließend genauer betrachtet und beschrieben:

Beispiel 1:
Situation: Katrin (sieben Jahre alt) nimmt sich ein Buch und liest ihrer dreijährigen Schwester Pia etwas daraus vor.
Bezugsperson: Ich finde das sehr lieb von Dir, dass Du Pia etwas vorliest.

Durch die Aussage „*Ich finde das sehr lieb von Dir…*" zeigt die Bezugsperson, dass sie sich freut und eventuell sogar etwas gerührt von Katrins Verhalten ist. Sie findet es nicht nur lieb, sondern <u>sehr</u> lieb!
„*…dass Du Pia etwas vorliest*" beschreibt schlicht den Sachverhalt. So weiß Katrin sofort, weswegen sie genau gelobt worden ist.

Beispiel 2:
Situation: Murat hat nach dem Essen den ganzen Tisch abgeräumt.
Bezugsperson: Das finde ich jetzt super toll, dass Du nicht nur Deine sondern auch die Teller und das Besteck von uns allen abgeräumt hast. Damit hilfst Du mir sehr!

Durch den Satz „*Das find ich jetzt super toll,…*" bringt die Bezugsperson ihre positiven Gefühle ein. Sie freut sich nicht nur ein wenig, sondern „*super*" und teilt dies dem Kind mit. Rein sachlich wird durch die Worte „*…dass Du nicht nur Deine sondern auch die Teller und das Besteck von uns allen abgeräumt hast*" Murat erklärt, was er tolles getan hat. Schließlich wertet sie durch die Aussage „*Damit hilfst Du mir sehr*", die Tat noch zusätzlich auf, da Murat ihr gegenüber eine Hilfeleistung erbracht hat. Durch dieses Lob beschreibt die Bezugsperson, dass sie mit dem Verhalten Murats sehr zufrieden ist. Murat wird sich wahrscheinlich innerlich über diese Anerkennung freuen und dieses oder ähnliche positive Verhalten nun eher zeigen.

In vielen Situationen ist es leider so, dass Kinder, die falsches Verhalten gezeigt hatten, dafür Konsequenzen erfahren oder ignoriert werden, anschließend dann leider kein oder nur wenig Lob bekommen, wenn sie ihr Verhalten ändern. Auch bekommen sie bei anderen Situationen meist weniger Lob und Anerkennung, als unauffälligere „brave" Kinder.

Beispiel:
Regelmäßig schmatzt der siebenjährige Carsten am Esstisch. Seine Mutter hat ihn letztens auf sein Zimmer verbannt und er sollte dort sein Essen zu sich nehmen. Daraufhin hat sie ihm erklärt, weswegen sie dies machte und dass sie dieses Schmatzen eklig findet. Am nächsten Abend sitzt

Carsten wieder mit allen zusammen am Tisch. Er bemüht sich intensiv nicht zu schmatzen und „normal zu essen", was ihm auch gelingt. Oft achtet er auf seine Mutter und erhofft sich eine Bestätigung von ihr. Diese jedoch räumt am Ende das Geschirr ab und alle verlassen den Esstisch.

Carsten hat zuerst am Vorabend eine Konsequenz der Variante I bekommen. Seine Mutter hat mit ihm geschimpft und erklärt, weshalb sie sauer auf ihn ist. Am nächsten Abend hat Carsten versucht, dieses Verhalten zu ändern, nämlich nicht mehr zu schmatzen. Obwohl dies eine großartige Leistung von ihm war, bekam er weder Lob noch Anerkennung hierfür. Das neue Verhalten (Essen ohne zu schmatzen), wurde nicht gefördert. Es kann nun sein, dass er enttäuscht ist und dieses Verhalten die nächsten Tage nicht mehr anwenden wird. Eventuell wird er wieder schmatzen oder sich etwas anderes einfallen lassen.

Meistens ist es so, dass ein schlechtes Verhalten entfernt und gleichzeitig ein gutes Verhalten erlernt werden soll. Ähnlich wie in dem obigen Beispiel (Aufhören zu schmatzen beinhaltet gleichzeitig manierliches Essen).

Es ist daher sehr ratsam, wenn die Bezugsperson bei einem Gespräch zielorientiert handelt:

Wie zuvor beschrieben, muss sie schildern, was das Problem ist. Anschließend gilt es dem Kind zu sagen, was von ihm erwartet und erhofft wird! Es genügt also nicht zu sagen „Ich finde das Geschmatze eklig", sondern sie muss sagen, dass sie möchte, dass er in Zukunft mit geschlossenem Mund essen soll. Das Kind weiß dadurch, welches Verhalten verlangt wird und kann dann leichter darauf hinarbeiten. Und sobald erste Erfolge zu sehen sind, gilt es diese zu loben!

Beispiel:

Petra ist vier Jahre alt und spielt gerne mit Puppen und Legosteinen. Nach dem Spielen lässt sie immer alles im Zimmer herumliegen. Eines Abends kommt ihr Papa und sagt ihr, dass ihn dass stört, wenn in ihrem Zimmer immer so eine Unordnung herrscht. (Der Vater drückt seine Gefühle aus, und sagt weswegen er bedrückt ist). Er möchte, dass Petra in Zukunft nach dem Spielen alle Sachen wieder aufräumt. Beim nächsten Mal hat Petra alle Puppen weggeräumt. Jedoch liegen die Legosteine immer noch im Zimmer verstreut auf dem Boden herum.

Der Vater hat nun folgende Möglichkeiten zu reagieren:

a) Er ignoriert Petra und geht wieder, da sie ja dem besprochenen Ziel nicht komplett nachgegangen ist.

b) Er schimpft mit Petra, da die Legoteile noch herumliegen.

c) Er lobt sie, weil sie die Puppen weggeräumt hat.

Da Petra ja ihr Verhalten geändert hat, wäre die Ignoranz sicherlich falsch. Dadurch würde das neue Teilverhalten in Frage gestellt werden und Petra wahrscheinlich wieder in alte Muster zurückfallen.

Am ehesten würde wahrscheinlich eine Kombination von b und c wirken. Zuerst sollte der neue Sachverhalt gelobt werden, nämlich, dass alle Puppen wie gewünscht und besprochen verschwunden sind. Anschließend sollten aber die Legosteine noch angesprochen werden, die ja noch nicht weggeräumt wurden. Hier kann der Vater auch wieder seinen Unmut kundtun. Wieder sollte er dann aber mit Petra ein Ziel vereinbaren, nämlich die Legosteine demnächst auch noch wegzuräumen. Wenn dies am nächsten Abend geschieht, kann der Vater mit bestem Gewissen seine Tochter für das toll aufgeräumte Zimmer loben und evtl. auch ein wenig belohnen. Sind wieder die Legosteine nicht aufgeräumt, so sollte er zwar immer noch loben, dass die Puppen weg sind, aber nun schon intensiver mit seiner Tochter darüber sprechen, weshalb die Legosteine immer noch da sind. Es könnte nun auch darüber nachgedacht werden, dass der Vater nach dem kurzen Lob wegen der Puppen von da ab seine Tochter ignoriert und nichts sagend weg geht. Alternativ könnte er auch mit einer Konsequenz drohen, wenn das mit den Legosteinen morgen immer noch nicht klappt.

Wie mit allen Dingen, sollte in Maßen zugleich angemessen getadelt und gelobt werden. Nur weil ein paar Legosteine nicht aufgeräumt worden sind, sollte das Kind nicht angebrüllt oder gar schwer bestraft werden.

Beim Loben eines Kindes gilt, dass Sie als Bezugsperson die subjektiven Fortschritte des Kindes loben und anerkennen sollen!

Auch wenn manche Verhaltensänderung für die Bezugsperson objektiv als keine große Sache angesehen wird, so kann es für das Kind eine immense Anstrengung bedeutet haben, die es zu honorieren gilt. Wenn Petra beginnt ihre Puppen, die sie wochen- oder monatelang dort nur hingeschmissen hat, ab sofort nimmt und aufräumt, so ist das eine bedeutende Verhaltensänderung ihrerseits, die unbedingt unterstützt werden muss.

Gleichzeitig sollte aber auch nicht zu viel gelobt werden. Erwachsene müssen angemessenes Loben lernen. Wenn im obigen Beispiel Petra nun regelmäßig ihr Zimmer aufräumen würde, wäre es sehr verwunderlich, wenn der Vater jeden Abend Petra dafür loben würde. Es gilt, immer weniger zu loben und dann ab und zu noch mal gelegentlich. Schließlich hat das Kind, nachdem es das Aufräumen gelernt hat, keinen neuen Fortschritt mehr erzielt. Geht die Bezugsperson zu inflationär mit Loben um, verliert diese mächtige Methode ihre Wirkung: Das Kind weiß nicht mehr, wofür es gelobt wird und wird dann durch ein Lob eher irritiert, als das es förderlich ist!

Übermäßiges Loben kann eine weitere Gefahr beinhalten, nämlich, dass das Kind eine Art „Lobes-abhängigkeit" entwickelt. Ähnlich wie bei Belohnungen, erwartet das Kind dann von der Bezugsperson für jede gelungene Tat Lob. Es wird Verhalten also nur zeigen, wenn es dafür gelobt wird. Eine intrinsische Motivation wird dann nur sehr wenig entstehen. Bleibt das Lob dann aus, wird auch das (positive) Verhalten des Kindes sich rasant wieder ändern bzw. von ihm unterlassen.

Sie wissen nun, dass Belohnung und Lob richtig angewendet effektive Verstärkungen sind, um positives Verhalten beim Kind zu erzielen. Jedes Mittel kann für sich alleine bereits gute Erfolge erzielen, wobei das Lob eine länger anhaltende Nachwirkung erzielen kann und daher auf längere Zeit gesehen effektiver wirkt, als reine Belohnung. Nun stellt sich die Frage, ob es sinnvoll ist diese beiden Methoden gemeinsam anzuwenden. Hierzu ein Beispiel:

Beispiel:
Die siebenjährige Maria soll am Nachmittag für ihre bevorstehende Mathearbeit üben. Es wurde ihr schon mehrmals gesagt, aber sie machte es bisher noch nicht.

Mutter: „Wenn Du nun fleißig übst und mir das nachher auch zeigst, bekommst Du auch ein Eis."

Die Versprechung ein Eis zu bekommen, wirkt. Maria setzt sich hin und beginnt zu rechnen.

Mutter: „Ich finde das ganz toll, dass Du Dich jetzt hinsetzt und so fleißig Mathe übst!

Später stellt Maria ihrer Mutter ihre Fortschritte vor.

Mutter: „Das hast Du ganz prima gemacht, Maria. Du kannst das kleine Einmaleins nun viel besser. Ich bin echt stolz auf Dich! Und hier ist noch Deine versprochene Belohnung: Ein Eis."

Betrachten wir etwas genauer, was hier geschehen ist:
Durch eine versprochene Belohnung hat Maria abgewägt, ob es Wert ist, sich hinzusetzen und Mathe zu machen. Sie übt also der Belohnung wegen. Ihre Mutter hat durch das mehrmalige Loben ihrer Tochter zu verstehen gegeben, dass dieses Verhalten gewünscht ist. Sie hat ihrer Tochter ein Erfolgserlebnis und Anerkennung gegeben. Dadurch kann die Möglichkeit entstehen, dass Maria sich zukünftig freiwillig hinsetzt und etwas machen wird, sie sich quasi zu dieser Tätigkeit intrinsisch motivieren kann.
Es kann also von Vorteil sein, wenn man die beiden Varianten der Belohnung und des Lobens zusammen kombiniert der Situation angemessen anwendet. Testen Sie für sich aus, in welchen Situationen **Sie mit welcher Variante bzw. mit der Kombination beider Möglichkeiten die besten Erfolge bei sich und Ihrem Kind erzielen**!
Denken Sie daran, dass Erziehung ein dynamischer Prozess ist: Varianten die heute funktionieren, können morgen schon nicht mehr wirken und auch umgekehrt. Wechseln Sie daher die Möglichkeiten ab, sobald Sie dies für notwendig erachten und halten Sie nicht starr an einer Methode fest.

Sie haben nun gelernt, dass negatives und positives Verhalten oft eng miteinander verknüpft sind. Soll das Kind ein schlechtes Verhalten reduzieren bzw. nicht mehr anwenden, könnte eine Art Lücke bei dem Kind entstehen: Es weiß zwar, dass es sich so wie bisher nicht mehr verhalten darf, aber es weiß eventuell noch nicht, wie es sich zukünftig verhalten könnte. Hierdurch entsteht ein innerer, unbefriedigender Zustand, ein Ungleichgewicht innerhalb des Kindes. Diese Lücke gilt es schnellstens zu füllen! Sehr interessant ist, dass diese Lücke durch Tätigkeiten kompensiert werden kann, die erstmal gar nichts mit der ursprünglichen Sache zu tun haben muss. Hierzu ein Beispiel aus dem Kindergarten:

Alina (knapp 4 Jahre alt) liebt es, ihre Erzieherin von hinten mit Sand zu beschmeißen. Durch Anwendung von Konsequenzen und Erklärungen weiß Alina, dass sie dies eigentlich nicht mehr machen sollte. Dennoch wirft sie weiterhin Sand auf ihre Erzieherin, obwohl sie daraufhin mit negativen Konsequenzen zu rechnen hat. Beim nächsten Mal gibt die Erzieherin mehr Acht: Sie sieht Alina, wie diese bereits mit einer Schaufel Sand zu ihr kommt und sie wahrscheinlich wieder bewerfen möchte. Die Erzieherin fragt Alina, was sie denn denke, was sie mit Sand und einer Schaufel denn alles bauen könnte. Alina überlegt. Die Erzieherin zeigt auf den Sandkasten und die anderen Formen und fragt, ob Alina nicht eine schöne Sandburg bauen möchte. Alina grinst, geht zum Sandkasten und beginnt zu bauen. Das Resultat – die Sandburg – wird von der Erzieherin ausführlich gewürdigt.

Wie an diesem Beispiel erkannt werden kann, hat Alina ein ungewolltes Verhalten erst dann nicht durchgeführt, als sie etwas anderes, was gewünscht und mit dem sie auch innerlich einverstanden war, zu tun gehabt hat. Sie war für sich sinnvoll beschäftigt gewesen und hat anschließend für ihre gute Arbeit und ihr neues Verhalten sogar noch Lob bekommen. Nun kann es sein, dass sie am nächsten Tag - oder auch nur einige Zeit später - wieder mit Sand schmeißen möchte. Oder vielleicht auch gleich im Sandkasten spielen will. Daher muss das Kind erneut beobachtet und evtl. sinnvoll beschäftigt werden. Kinder müssen lernen, welche Handlungen von ihnen gewünscht sind bzw. welche sie nicht machen sollen. **Das Ziel soll hierbei sein, dass das Kind selbstständig Handlungen angeht, ohne dass die Bezugsperson das Kind dazu anleiten muss.** Dieser Lernprozess setzt neben der nötigen Reife des Kindes auch ein Menge Vorerfahrungen voraus. Das Kind muss ein Repertoire haben, auf das es zurückgreifen kann. Daraus kann es dann auch ableiten, was gut und was schlecht ist. Hierzu ein Beispiel:

Beispiel:
Kolja hat gelernt, dass sein Verhalten gelobt wird, wenn er nach dem Essen sein Geschirr wegräumt. Daraus könnte er ableiten, dass es auch toll wäre, wenn er nicht nur sein, sondern auch das Geschirr eines anderen mit abräumen würde.

Die Bezugsperson hat die Aufgabe, die Kinder dabei zu unterstützen, dass diese lernen, welche Verhaltensweisen und Handlungen gewünscht werden. Die Aufgaben, die die Bezugsperson dabei gibt, dienen als Basisrepertoire für das Kind. Auch hier gilt es wieder den goldenen Weg der Mitte zu erkennen: **Zeigen Sie dem Kind weder zu wenig, noch zuviel auf!** Sind Sie sich unsicher, dann lassen Sie lieber das Kind für sich selbst Tätigkeiten suchen und finden. Zeigen Sie ihm nämlich zu viel vor, kann dabei die Gefahr entstehen, dass das Kind eine Abhängigkeit entwickelt und aufhört selbstständig zu denken: Es möchte eine Aufgabe nach der anderen von der Bezugsperson haben und diese erfüllen. Daher sollten Sie als Bezugsperson nur eine kleine Anzahl von Aufgaben erteilen und dann dem Kind den Auftrag geben, sich selbst etwas Sinnvolles zu suchen. Wenn es dazu nicht in der Lage ist, geben Sie noch einen weiteren Anreiz und versuchen danach erneut, dass das Kind demnächst eigeninitiativ und selbstbestimmt handelt. Das Kind soll zur Mündigkeit erzogen werden und lernen alleine sinnvolle Aktionen eigeninitiativ auszuführen.

Kapitel 5.4: Nonverbale Kommunikation

Eine passende Körpersprache unterstützt das Gesagte sehr effektiv. Viele Studien bestätigen, dass sowohl Kritik, als auch Lob und Anerkennung durch Ihre Körperhaltung und Ausdruck an Effektivität sehr wirkungsvoller und erfolgreicher ausfallen können.

Eine spezielle Form dieser nonverbalen Kommunikation ist das „Aushalten":

Sie stellen sich ca. fünf Sekunden lang vor das Kind und versuchen eine innere Körperspannung aufzubauen. Ihr Blick und ihre Mimik sollten zur Situation passen und stets auf das Kind gerichtet sein. Dabei reden Sie kein einziges Wort!

Handelt es sich um eine ernste Situation, weil das Kind beispielsweise absichtlich seinen jüngeren Bruder gehauen hat, gilt es ernst und streng zu wirken.

Sind Sie stolz auf das Kind, weil es beispielsweise alleine den Tisch für die ganze Familie gedeckt hat, können Sie stolz und beeindruckt wirken.

Durch Ihre intensive Körperhaltung drücken Sie überdeutlich Ihre Emotionen aus! Kinder sind sehr feinfühlig, sie werden Ihre Reaktion meist schnell begreifen und verstehen was Sie damit ausdrücken wollen. Das Kind soll erkennen, **ob es gerade gut oder weniger positiv gehandelt hat und überlegen, wie es zukünftig handeln könnte!**

Voraussetzung hierfür ist, dass das Kind Ihnen zugewandt ist und Sie wahrnimmt. Sie müssen also die Aufmerksamkeit des Kindes erreichen (Hierzu eigenen sich wieder die Vorschläge und Abläufe aus Kapitel 5.3). Erst dann können Sie diese Methode anwenden.

Eine weitere Einsatzmöglichkeit des „Aushaltens" ist, zuvor Gesagtes zu verstärken, um so ein Handeln des Kindes eher hervorzurufen.

Beispiel:

Peter hat seine kleine Schwester auf den Arm gehauen, weil diese ihm sein Spielzeug weggenommen hat. Die Mutter sagt darauf zu ihm: „Ich möchte nicht, dass Du deine Schwester haust, sondern ihr beim nächsten Mal sagst, dass das Dein Spielzeug ist und Du es haben möchtest." Nachdem die Mutter dies zu ihm gesagt hat, schaut sie Peter noch einige Sekunden an und nickt ihm zu.

Durch ihre zusätzliche Aktion der nonverbalen Kommunikation des Aushaltens verstärkt sie die Bedeutung ihrer Worte. Peter könnte nun effektiver verstehen, dass das, was er gemacht hat nicht gut war und lernen wie er zukünftig handeln könnte.

Natürlich kann diese Methode auch im positiven Sinn angewendet werden:

Beispiel:

Die fünfjährige Charlotte wird von ihrer Tante, die für Charlotte eine bedeutende Bezugsperson ist, aus der Kita abgeholt. Normalerweise trödelt Charlotte immer herum, zieht sich nur langsam an und möchte immer wieder nach den anderen Kindern schauen. Doch diesmal zieht sie sich zur freudigen Überraschung der Tante zügig an und ist bereit zu gehen.

Die Tante könnte in diesem Beispiel nun Charlotte loben, wie schnell das geklappt hat und wie sehr sie sich darüber freut. Zusätzlich kann sie Charlotte zulächeln und anerkennend mit Ihrem Kopf dazu nicken.

Kapitel 5.5: Gegenseitiges Ausspielen bzw. Gemeinsam sind wir stark

Sehr oft kommt es im Alltag vor, dass das Kind zuerst zu Mama geht und fragt, ob es etwas Bestimmtes, beispielsweise ein Eis, bekommen darf. Wenn die Mutter dies verneint, kann es sein, dass das Kind zur nächsten Bezugsperson – zum Vater oder zu den Großeltern – geht und dort die gleiche Frage äußert, mit der Hoffnung, dort „grünes Licht" und das Eis zu bekommen. Die zweite Bezugsperson muss nun reagieren. Entweder sie lässt es zu, oder sie verbietet den Wunsch des Kindes. Nun gibt es mehrere Verlaufs- und Ergebnisvarianten:

a) Die zweite Bezugsperson weiß <u>nicht</u>, dass die erste Bezugsperson bereits „nein" gesagt hat und erfüllt das Anliegen bzw. den Wunsch des Kindes <u>nicht</u>.

b) Die zweite Bezugsperson weiß <u>nicht</u>, dass die erste Bezugsperson bereits „nein" gesagt hat und erfüllt das Anliegen bzw. den Wunsch des Kindes.

c) Die zweite Bezugsperson weiß, dass die erste Bezugsperson bereits „nein" gesagt hat und erfüllt das Anliegen bzw. den Wunsch des Kindes dennoch.

d) Die zweite Bezugsperson weiß, dass die erste Bezugsperson bereits „nein" gesagt hat und erfüllt das Anliegen bzw. den Wunsch des Kindes <u>nicht</u>.

Betrachten wir diese vier Möglichkeiten etwas genauer:

Bei der Variante a) hat das Kind keinen Erfolg. Entweder geht es nun zu einer weiteren dritten Bezugsperson, oder es akzeptiert das Urteil. Die zweite Bezugsperson hat entweder zufällig oder intuitiv die gleiche Meinung wie die erste Bezugsperson gehabt, daher muss dies nicht weiter betrachtet werden.

Bei der Variante b) trifft die zweite Bezugsperson ein anderes Urteil als die erste Bezugsperson. Jedoch trifft die zweite Bezugsperson keinerlei Schuld, da sie unwissend ist. Kommt das Verhalten des Kindes heraus, dürfen sich nicht die Bezugspersonen untereinander streiten sondern müssen das Kind zur Rede stellen: Es hat ein negatives Verhalten gezeigt und dies muss angesprochen werden. Versuchen Sie durch Androhung von Konsequenzen bzw. positive Verstärkung zukünftig zu erklären, dass es solche Aktionen nicht mehr machen soll.

Die komplizierteste Variante ist der Verlauf c): Die zweite Bezugsperson handelt bewusst gegen die Entscheidung der ersten Bezugsperson. Das Kind erkennt nun, dass es nicht unbedingt auf die erste Bezugsperson hören muss, da es ja seinen Willen von einer anderen Person bekommen kann. Dadurch kann die erste Bezugsperson stark an Autorität verlieren und könnte es bei zukünftigen Anweisungen für das Kind deutlich schwerer haben. In solchen Situationen ist es sehr wichtig, dass sich die Bezugspersonen untereinander über den Sachverhalt und ihr zukünftiges Verhalten aussprechen. Besonders schwierig wird es hier, wenn Kind, Eltern und Großeltern zusammen agieren. Das Kind fragt beispielsweise seine Eltern, ob es das Eis haben darf. Beide sagen nein. Anschließend geht es zur Oma und bekommt von ihr das Eis. Die Eltern haben nun die Wahl entweder mit den Großeltern eine hitzige Diskussion anzufangen oder klein bei zu geben. Ein guter Kompromiss in solchen – oder ähnlichen – Situationen kann es sein, dem Kind zu sagen, dass es sich dieses Mal um eine Ausnahme handelt und es im Normalfall anders verläuft.

Die letzte Variante d) ist wiederum sehr einfach zu bewerten: Die Bezugspersonen sind sich beide einig. Zukünftig weiß das Kind, dass es nicht sehr einfach sein wird, solche Bezugspersonen gegeneinander auszuspielen bzw. es ernsthafte Konsequenzen für das Kind bedeutet, wenn es zu intrigieren versucht.

Seien Sie sich bewusst, dass bei der Erziehung des Kindes die Bezugspersonen sich einig sein und als Team agieren sollten. Je intensiver Sie das Kind erziehen bzw. je besser die Beziehung zu dem Kind ist, desto mehr gilt es, dass Sie sich als Erwachsene untereinander absprechen.

Auch wenn die Bezugspersonen generell einheitlich auftreten, wird das Kind immer wieder probieren, doch dagegen anzugehen, was in einem angemessenen Rahmen völlig normal und gesund für die Entwicklung des Kindes ist und nicht zu streng von den Bezugspersonen kritisiert werden sollte.

Kapitel 6: Methoden zur Verhaltensänderung

Aufbauend auf das vorherige Kapitel, werden in diesem Kapitel eine Vielzahl von Methoden vorgestellt, die konkret im Alltag anwendbar sind. Bedenken Sie bei diesen Anwendungsmöglichkeiten stets, dass negatives Verhalten Konsequenzen bewirken müssen und positives Verhalten verstärkt werden soll.

Die folgenden Methoden sollen Ihnen ein Repertoire bieten, auf das Sie in den verschiedenen Situationen zurückgreifen können. Dabei gilt, dass Sie sich mit der jeweiligen Methode wohl fühlen müssen. Wenden Sie daher nur diese Methoden an, die Sie für richtig halten. Besonders zu Beginn kann es sein, dass Sie unsicher wirken, da Sie diese Methoden auch erst üben müssen – lassen Sie sich nicht entmutigen und testen Sie für sich, welches Ihr persönlicher Erziehungsstil sein wird.

Ein weiterer Aspekt, den Sie bei Ihrer Erziehung beachten sollten, ist Höflichkeit.

Verwenden Sie auch bei Aufforderungen oder strengen Gesprächen die Wörter „bitte" und „danke". Seien Sie respektvoll Ihrem Kind gegenüber. Behandeln Sie es auch in emotional aufgewühlten, hitzigen Situationen würdevoll. Bedenken Sie, dass alle diese Methoden, auch wenn sie auf den ersten Blick als streng erscheinen, dazu dienen sollen, einen guten, positiven Umgang und harmonisches Miteinander zu erzielen. Negative Konsequenzen sollten jedoch immer eine ernste Sache sein, weswegen Ironie und Humor darin nichts zu suchen haben.

In welchem Fall, meinen Sie, wird das Kind wohl eher den Auftrag ausführen:

Beispiel 1: „Heb jetzt sofort die Gabel auf!"
Beispiel 2: „Heb jetzt bitte sofort die Gabel auf!"

Sicher wird im zweiten Beispiel die Gabel eher aufgehoben.

Kinder sind im Durchschnitt erst ab dem Vorschulalter reif genug, Ansätze von Ironie zu verstehen und von Realität zu unterscheiden. Ebenso beginnen Kinder erst ab einem Alter von ca. vier Jahren die Bedeutung des Wortes „nicht" bzw. „nein" zu verstehen. Je jünger das Kind ist, desto eher wird eine solche Negation ausgeblendet: „Du darfst nicht fernsehen" kann dann schnell als „Du darfst fernsehen" verstanden werden. **Versuchen Sie daher als Bezugsperson bei jüngeren Kindern in Aussagen so wenige Negationen wie möglich anzuwenden!**

Dementsprechend könnten die folgenden Anordnungen nicht so:

„Du hast Dein Zimmer nicht aufgeräumt, also darfst Du auch nicht fernsehen.",

sondern so ausgeführt werden:

„Bitte räume jetzt Dein Zimmer auf, dann darfst Du auch noch fernsehen."

Negationen müssen natürlich auch mit dem Alter erlernt und geübt werden, daher sollten Sie Negationen in unterschiedlichen Situationen, bei denen es um relativ unwesentliche Belange geht, immer wieder einbauen.

Beispiel:

„Heute haben wir keine blauen Becher, sondern nur noch gelbe."

Kapitel 6.1: Vorbildfunktion und Nachahmung

Ein weiteres Mittel, um Verhalten zu beeinflussen, ist die Vorbildfunktion. Benimmt sich die Bezugsperson nicht, so wird das Kind dies auch nicht machen. Hält sich der Lehrer nicht an die Klassenregeln, warum sollten es dann seine Schüler tun?

Gleichzeitig gibt es natürlich auch Situationen, in denen der Erwachsene etwas macht, was das Kind nicht nachmachen darf, wie beispielsweise einen Kaffee zu trinken.

Kommunizieren Sie bei solchen Situationen ganz klar, dass diese speziellen Ausnahmesituationen nicht nur für Ihr Kind, sondern für alle Kinder verboten sind.

Die Praxis hat leider gezeigt, dass die Vorbildfunktion eher einseitig funktioniert: Legt die Bezugsperson eine unerwartete, unerwünschte Handlung zu Tage (wie etwa das Nichteinhalten von Regeln), ahmen die Kinder dies sehr schnell nach.

Beispiel:

Die Lehrerin hat der Klasse erklärt, dass Essen nur in der Pause, nicht im Unterricht erlaubt ist. Kurze Zeit später packt sie mitten in der Deutschstunde ein belegtes Brot aus und fängt an es zu verspeisen. Die Schüler beobachten dies genau und holen sich dann ebenfalls ihr Essen aus dem Schulranzen – und dies in jeder Stunde, wann immer es ihnen danach ist.

Hält sich die Bezugsperson jedoch an die Regeln und lebt gewünschte Handlungen vor (wie z.B. das Abräumen des Esstisches), so machen die Kinder dies leider nur bedingt nach.

Erwachsene sind daher oft enttäuscht, wenn sie sich bemühen und bei den Kindern keine positive Veränderung zu erkennen ist. Mit gezielt vorbildlichem, positivem Verhalten bewirken Sie leider nur bedingt eine Verhaltensänderung. Strahlt ein guter Pädagoge Ruhe und Zuversicht aus, so kann sich dies jedoch auf die Kinder übertragen! Wohingegen Hektik sehr viel Unruhe bei den Kindern bewirkt.

Für Sie als Bezugsperson ist es daher wichtig sich zu merken:

- **Vorbildfunktion dient leider nur wenig dazu, gutes Verhalten zu erlernen, sondern kein negatives Verhalten zu fördern!**
- **Verhalten Sie sich dennoch als Vorbild und versuchen Sie Ruhe und Sicherheit auszustrahlen.**

Kinder lernen sehr viel durch Beobachtung und Nachahmung. Macht das Vorbild, also die erwachsene Bezugsperson, Aktionen, die ungewöhnlich sind, wird das Kind dies eher nachahmen. Die Frage lautet nun, was sind ungewöhnliche Aktionen?

Gewalt anzuwenden oder gegen gängige Regeln zu verstoßen sind einfach zu erkennende falsche Aktionen. Schwieriger wird es, wenn die Bezugsperson untypische, der Situation nicht angemessene Verhaltensauffälligkeiten zeigt, auch wenn diese nur leicht ausgeprägt sind. Beispiele hierfür sind:

- extrem hektisches, unangemessenes Verhalten
- generell sehr laut zu sprechen / oft zu schreien (s. nächster Absatz)
- weinerlich / übertrieben ängstlich sein
- vernachlässigen / gleichgültig sein

Bei diesen Beispielen wird besonders auf das Schreien an dieser Stelle eingegangen, da dies bei Bezugspersonen ein oft vorkommendes Verhalten gegenüber ihrem Kind ist. Sehr laut zu sprechen bzw. zu schreien hat den Sinn, Aufmerksamkeit zu bekommen. Die Bezugsperson möchte ihrem Kind etwas mitteilen, was sehr wichtig ist. Daher soll das Kind sofort auf die Bezugsperson achten und aufnehmen, was sie zu sagen hat.

Schreien Sie Ihr Kind jedoch regelmäßig an, wird es anfangen Sie zu ignorieren, da es lernt, der alltägliche Umgang mit Ihnen besteht aus Schreien. Es entwickelt eine Art Resistenz gegenüber Ihren lauten Äußerungen. Dies muss es auch, da angeschrien zu werden eine Stresssituation bedeutet und das Kind einen Weg sucht, dieser zu entgehen. Die Gefahr ist dann sehr groß, dass es Sie ignoriert und immer weniger auf Sie und Ihre Worte eingehen wird. Daher sollten Sie folgenden Rat beherzigen:

Schreien hat nur dann den gewünschten Effekt, nämlich die ungeteilte Aufmerksamkeit zu bekommen und das Kind zu einem Verhalten zu bewegen, wenn das Schreien nur in besonderen Situationen und ausnahmsweise geschieht!

Auch die anderen oben genannten Verhaltensauffälligkeiten der Bezugsperson können ein Kind irritieren und negativ prägen. Wenn Ihr zweijähriges Kind hinfällt und Sie besorgt und fast weinerlich zu ihm gehen, um es zu trösten, wird es ebenfalls ängstlich sein. Ihre Angst strahlt auf das Kind aus. Genauso aber auch ihre Zuversicht, wenn Sie zu ihm gehen, schauen was passiert ist und wenn keine Verletzungen da sind, das Kind kurz ermutigen alleine wieder aufzustehen und weiter zu laufen. Versuchen Sie selbst Ruhe und Zuversicht auszustrahlen. **Vermeiden Sie Hektik und Überfürsorge!** Sie müssen nicht ständig über ihrem Kind „kreisen", um es zu beschützen und versuchen es zu lenken.

Ihr Kind hat ein Recht darauf, mündig zu werden; und dies schafft es nur, wenn es auch mal ohne Sie sein darf!

Beispiel 1:

Die kleine Pauline (3 Jahre alt) spielt mit Gleichaltrigen auf dem Spielplatz. Die Mütter aller Kinder sitzen auf der Bank und beobachten das Geschehen. Pauline rutscht nun aus und landet auf dem Sand. Sofort springt ihre Mutter auf, rennt zu ihrem Kind hin und ruft nervös und laut Paulines Namen. Sie fragt besorgt, ob sie sich verletzt habe und nimmt sie sofort, noch bevor Pauline antworten kann, in ihre Arme um sie zu trösten.

Pauline, die das sehr besorgte und ängstliche Verhalten ihrer Mutter registriert, könnte denken, dass etwas Schlimmes mit ihr passiert sein muss. Wahrscheinlich wird sie nun ängstlich reagieren und könnte zu weinen beginnen.

Beispiel 2:
Diese Aktion aus Beispiel 1 wiederholt sich des Öfteren: Pauline fällt hin, die Mutter eilt herbei und tröstet sie, obwohl eigentlich nichts Schlimmes passiert ist. Einige Zeit später stolpert Pauline erneut und beginnt daraufhin sofort zu weinen.

Das Kind hat von dem ungewöhnlichen Verhalten der Mutter gelernt. Es hat sich gemerkt, wenn ich hinfalle, ist dies schlimm, also muss ich weinen!
Wie hätte die Mutter alternativ reagieren können?
Sie hätte bereits beim ersten Hinfallen ihrer Tochter abwarten müssen. Wenn Pauline sich bei dem Sturz wirklich verletzt hätte, würde sie von selber zu weinen anfangen und nach ihrer Mutter suchen. Das Kind würde nach seiner Bezugsperson verlangen, weil es sie in diesem Moment braucht. (Wenn Pauline bewusstlos wäre, muss natürlich die Mutter sofort reagieren und Erste Hilfe leisten bzw. den Notarzt rufen.). Bezugspersonen – vor allem Eltern – neigen leider viel zu oft dazu, dem Kind nicht die Initiative zu überlassen und selbst für das Kind mitzuentscheiden oder aber wegzuschauen und sich gar nicht um das Kind zu kümmern.

Der Rat, der hier gegeben werden kann, ist:

Warten Sie eine Situation erst kurz ab, bewerten Sie dabei, ob Sie handeln müssen oder ob das Kind die Situation alleine bewältigt. Erst wenn dies nicht der Fall ist oder das Kind nach Ihnen verlangt, werden Sie aktiv und unterstützen das Kind!

Kapitel 6.2: Vergleiche und Konkurrenz

Eine sehr oft angewendete Methode, um ein gewünschtes Verhalten zu erzielen, ist, das Kind mit anderen Kindern zu vergleichen, die richtiges, gewünschtes Verhalten zeigen. Der Kerngedanke von Vergleichen ist, dass das Kind einen Konkurrenzgedanken bekommt und gleichwertig mit anderen sein möchte. Vergleiche können intrinsische Motivation wecken.

Vergleiche können positive, fördernde Wirkungen, aber auch negative, hemmende Folgen haben. Es muss sehr darauf geachtet werden wie Sie einen Vergleich formulieren.

Im Folgenden werden zwei Beispiele für Vergleiche vorgestellt:

Beispiel 1:

Der Vater betritt das unaufgeräumte Zimmer seines Sohnes und sagt zu ihm: „Anja räumt jeden Abend ihre Spielsachen weg, nur Du bekommst das nicht hin, obwohl ich es Dir schon zig Mal gesagt habe."

Die Bezugsperson, der Vater, möchte erreichen, dass Max die Spielsachen in seinem Zimmer aufräumt. Dabei nimmt der Vater Anja als Vergleich und stellt dadurch das Mädchen auf eine vorbildhafte Position. Zusätzlich kann es sein, dass der Vater bereits aufgestauten Frust abbauen möchte, was durch den Zusatz *„obwohl ich es Dir schon zig Mal gesagt habe."* vermuten lässt. Er vermittelt dadurch die Botschaft, dass Max bereits versagt und seine Erwartungen enttäuscht hat.

Durch eine solche Aussage erreichen Sie als Bezugsperson nur selten, dass sich das Kind ändern wird und ein gewünschtes Verhalten erlernt. Vielmehr wird das Kind sich schlecht und in seiner Person angegriffen fühlen. Viel wahrscheinlicher als eine positive Änderung, ist hier eine Verstärkung der bereits negativen Eigenschaft oder die Erlernung eines neuen, negativen Verhaltens. Folgende Varianten wären denkbar:

- Das Kind zeigt sich trotzig und räumt seine Spielsachen nun erst recht nicht mehr auf.
- Es fühlt sich ungerecht behandelt und reagiert traurig oder auch aggressiv gegen Sie als Bezugsperson.
- Sein Selbstwertgefühl könnte Schaden nehmen.
- Es beneidet die gelobte Person (Anja) und wird sich negativ ihr gegenüber verhalten, obwohl diese absolut schuldlos ist.

Kommen wir zu einem weiteren Beispiel:

Beispiel 2:
Die Mutter von Yasemin möchte Ihrer fünfjährigen Tochter das Fahrradfahren näher bringen.
Yasemin setzt sich auf das Fahrrad, aber sie traut sich nicht recht und wirkt sehr skeptisch. Darauf
sagt die Mutter zu ihr: „Die anderen Kinder können doch auch schon Fahrrad fahren. Wenn die
das können, dann bekommst Du das doch erst recht hin!"

Ähnlich wie im ersten Beispiel möchte die Bezugsperson erreichen, dass das Kind ein neues
Verhalten zeigt, nämlich den Versuch Fahrrad zu fahren. Jedoch geschieht dies mit folgenden
Unterschieden:

a) Yasemin wird nicht direkt mit einem bestimmten Kind verglichen – es wird kein Kind mit Namen
genannt. Sie muss sich also nicht mit jemandem direkt messen, sondern kann für sich wählen,
mit wem sie sich vergleichen möchte. Sie kann dadurch insgeheim ein Kind wählen, was noch

nicht so gut Fahrrad fahren kann, wodurch die innere Hürde für Yasemin nicht so hoch und der eigene Erfolgsdruck und somit die Versagensangst geringer ist.

b) Yasemin wird nicht im Vornherein als Versagerin abgestempelt, sondern ihr wird ihm zugetraut, die Aufgabe zu lösen; sogar eventuell besser, als die übrigen Kinder dies bereits können.

Die Frage ist nun, wie wirkt sich die aufgebaute, durchaus nett gemeinte Erwartungshaltung auf ein Kind und dessen Verhalten aus?
Hierfür gibt es zwei Möglichkeiten:

1. Das Kind entwickelt ein Konkurrenzdenken und nimmt diese Herausforderung an. Es möchte nun auch Fahrrad fahren lernen. Eine intrinsische Motivation entsteht und es wird den Versuch des Fahrradfahrens angehen. Dies geschieht auch dadurch, dass es keine Ängste zu haben braucht und aus einer für sich gestärkten Ausgangssituation starten kann.

2. Ähnlich wie im ersten Beispiel fühlt sich das Kind der Aufgabe nicht gewachsen oder hat partout kein Interesse sie zu erfüllen. Es möchte einfach nicht Fahrrad fahren lernen. Es kann sich dann schnell als Versager und Außenseiter fühlen und ähnliches Verhalten zeigen wie es im ersten Beispiel der Fall sein könnte: Es entwickelt negative Gefühle (Traurigkeit, Wut, Enttäuschung etc.) und könnte Aggressivität gegen Sie als Bezugsperson oder gegen die Gruppe der Fahrradfahrer entwickeln.

Wie Sie sehen, sind Vergleiche ein kompliziertes Thema, da sie entweder großen Erfolg oder Misserfolg versprechen. **Wenn das Kind nach dem Vergleich die Aufgabe oder das Verhalten nicht erfolgreich bewältigt bzw. erlernt oder sich weigert die Aufgabe anzugehen, können dadurch negative Gedanken entstehen, wodurch es immer unwahrscheinlicher wird, dass die gewünschte Aufgabe bzw. Verhaltensweise erlernt wird!**

Nun gilt es zu erkunden, in welchen Situationen Vergleiche anzuwenden und wie sie dann zu äußern sind.
Die folgenden beiden Punkte sind dabei zu beachten, ob ein Vergleich angebracht sein könnte:

1. Vergleiche sind nur dann sinnvoll zu äußern, wenn Sie als Bezugsperson sicher einschätzen können, dass das Kind der geforderten Aufgabe geistig und physisch gewachsen ist, also ob es die nötige Reife besitzt. Stellen Sie sich die Frage, ob das Kind überhaupt in der Lage dazu ist, das Verhalten oder die Aufgabe zu erlernen bzw.

auszuführen! Sind sie sich hierbei auch nur unsicher, lassen Sie es mit einem Vergleich sein!

2. Vergleiche sollten nur dann gemacht werden, wenn das Verhalten oder die Aufgabe vom Kind gewollt wird bzw. wenn Sie das Kind so gut einschätzen können, dass es diese gerne machen würde. Wenn Sie meinen, dass es dem Kind gefallen könnte, Fahrrad zu fahren, wäre dies beispielsweise ein guter Grund dafür, das Kind durch einen Vergleich zu animieren. Wenn das Kind eine Aufgabe oder ein Verhalten (eine Regel) erlernen soll, die es nicht mag, wenden Sie hierfür keine Vergleiche, sondern andere Mittel der Verstärkung und evtl. Konsequenzen an.

Entschließen Sie sich dazu, in einer bestimmten Situation die Methode des Vergleichens zu wählen, sollten Sie die folgenden Punkte dabei berücksichtigen:

- Sagen Sie dem Kind, was es machen soll und dass Sie selbst davon überzeugt sind, dass es das auch schaffen wird (So wie in Beispiel 2 – Fahrrad fahren lernen). Äußern Sie den Vergleich so, dass das Kind darin für sich aufmunternde Inhalte wahrnimmt. Es darf sich nicht schlecht und eingeschüchtert fühlen, sondern es soll angespornt werden und zuversichtlich auf ein neues Thema zugehen.

- Vergleichen Sie niemals direkt mit anderen Kindern. Nennen Sie keine Namen, sondern vergleichen Sie mit einer ähnlichen Gruppe – also beispielsweise mit gleichaltrigen Kindern, die bereits Fahrrad fahren können.

Um das Konkurrenzdenken des Kindes zu aktivieren, bieten auch Sie sich als Bezugsperson hervorragend als Vergleichsperson an. Möchten Sie, dass das Kind eine bestimmte Aktivität macht, dies aber nicht oder nur unbefriedigend vollzieht, haben Sie die folgende Möglichkeit dem Kind die geforderte Aktivität verlockender bzw. attraktiver zu machen:

Sagen Sie dem Kind, dass Sie nun die Aufgabe selbst erledigen werden. Dies müssen Sie mit voller Freude kundtun.
Achten Sie jedoch darauf, dass Sie die Aufgabe nur langsam beginnen, sodass das Kind jederzeit die Chance nutzen kann, selbst einzusteigen und Initiative übernehmen kann.

Beispiel:
Der Vater bittet den vierjährigen Tobias zu helfen, den Tisch mit zudecken. Tobias ignoriert diese Bitte. Der Vater geht nun zu den Tellern und sagt: „Nun decke ich ganz alleine den Tisch. Ich bestimme dann auch, wo die Teller und die Gläser hinkommen. Ich freue mich schon darauf, alles

so zu machen, wie ich das möchte!" Langsam nimmt der Vater die Teller und wiederholt seine Aussage, während er das Geschirr zum Tisch trägt.

Durch diese Aussagen und Handlungen macht der Vater die Aufgabe des Tischdeckens sehr interessant. Das Kind könnte nun motiviert werden mitzumachen.

Der Hintergedanke ist, dass das Kind denken soll, dass es durch die Erfüllung einer Aufgabe, die eigentlich der Bezugsperson zusteht, ebenbürtig mit der Bezugsperson ist oder sie sogar übertrifft!

Das Kind kann sich in dieser Situation mit der Bezugsperson vergleichen.

Leider funktioniert diese Methode nur sehr unregelmäßig. Wenn Sie merken, dass das Kind Sie nicht unterstützt bzw. die geforderten Aufgaben trotz Ihrer Bemühungen nicht erfüllt, sollten Sie schnell Ihre Taktik ändern und zu anderen Mitteln wie Konsequenzen und Verstärkungen wechseln.

Kapitel 6.3: Verhandlungen und Kompromisse

Um in sozialen Gesellschaften bestehen und leben zu können, sind Gespräche über die unterschiedlichsten Themen und Sachverhalte essentiell. Meist ist es so, dass zwei Parteien oder auch nur zwei Menschen unterschiedliche Ansichten haben und es eine für beide Seiten akzeptable Lösung zu finden gilt. Diese Art der Kommunikation, diese Verhandlungen und Kompromisse können bereits in frühen Jahren geführt und geübt werden.
Gehen Sie daher mit ihrem Kind Gespräche ein, in denen Sie bestimmte Angebote machen, um diverse Ziele zu erreichen.

Beispiel:
Die fünfjährige Katharina möchte nicht ins Bett schlafen gehen, obwohl es bereits spät ist. Ihr Vater kommt hinzu und sagt: „Wenn Du Dich jetzt fertig für das Bett machst, dann lese ich Dir auch noch etwas vor."

Katharina weiß nach der Ansage Ihres Vaters, dass sie etwas Tolles bekommt, wenn sie dafür jetzt ins Bett geht bzw. dass sie dieses schöne Vorlesen nicht erleben darf, wenn sie sich nicht bettfertig macht.

Geht das Kind auf die Verhandlung ein und akzeptiert den Kompromiss, gilt es, dass beide Parteien – Sie und Ihr Kind – sich daranhalten. **Halten Sie sich nicht an die Vereinbarung, wird Ihr Kind zukünftig an Ihrer Ehrlichkeit zweifeln und Ihren Aussagen weniger Beachtung schenken.** Hält sich Ihr Kind nicht an den Kompromiss und möchte beispielsweise nach dem Vorlesen wieder aufstehen und etwas anderes machen, erinnern Sie Ihr Kind an die Abmachung, die Sie beide gemeinsam eingegangen sind. **Sagen Sie dem Kind, dass dies so besprochen war und dass man sich daran halten muss, da Sie sonst andere Absprachen auch nicht einzuhalten bräuchten.** Nun könnten Sie auch Konsequenzen – Konsequenzen der Varianten I oder II – androhen bzw. folgen lassen, mit der Begründung, dass das Kind sich nicht an den ausgehandelten Kompromiss hält.
Funktioniert diese Variante und das Kind erfüllt seinen Teil der Absprache, können Sie dies durch lobende Worte zusätzlich verstärken, um so diese Methode zu verfestigen. Verhandlungen zu führen und Kompromisse zu erzielen ist ein wesentlicher Schritt in der Entwicklung eines Menschen!

Je kompetenter das Kind mit der Methode des Verhandelns und der Kompromissfindung wird, desto eher wird es selber diese Methode anwenden. Sowohl bei anderen Kindern, als auch bei Ihnen.

Beispiel:

Kind zur Mutter: „Mama, ich gehe gleich ins Bett, wenn ich noch die ganze Schokolade bekomme, ok?"

Sind Sie mit dem Kompromiss einverstanden, können Sie ihn ruhig annehmen. Es zeigt dem Kind, dass Sie es respektieren, seine Wünsche ernst nehmen und es akzeptieren. Sollten Sie jedoch nicht mit dem Angebot einverstanden sein, können Sie dies verneinen und auf einen Alternativvorschlag warten oder, was meist effektiver ist, ein Gegenangebot machen. In beiden Fällen empfiehlt es sich die Ablehnung des ersten Vorschlages kurz zu begründen:

Beispiel:

Kind zur Mutter: „Mama, ich gehe gleich ins Bett, wenn ich noch die ganze Schokolade bekomme, ok?"
Mutter (Die damit nicht einverstanden ist) zum Kind: „Die ganze Schokolade ist zu viel heute Abend, aber Du darfst jetzt ein kleines Stückchen haben. Dann lese ich Dir noch was vor, danach geht es Zähne putzen und dann direkt ohne zu meckern schlafen, einverstanden?"

Natürlich gibt es auch diverse Situationen, in denen das Kind nicht mitreden und Verhandeln darf, da es beispielsweise um das Wohl des Kindes oder dessen Umgebung geht. Es darf also nicht verhandelt werden, ob das Kind am Schnapsglas des Vaters probieren oder einen Film gucken darf, der nicht für sein Alter geeignet ist – in solchen und ähnlichen Fällen gibt es keine Kompromisse sondern ein striktes „nein".

Kapitel 6.4: Anordnungen und Verbote

Als Bezugsperson werden Sie immer wieder Ihrem Kind diverse Aufgaben oder gewünschtes Verhalten anordnen bzw. ungewünschtes Verhalten verbieten. Sei es den Tisch abzuräumen, sich selbst die Hände zu waschen oder nicht blindlings auf die Straße zu rennen. Es ist sehr wichtig für das spätere Leben, dass die Kinder auch lernen, auf gewisse Regeln zu hören und sich dementsprechend regelgerecht zu verhalten.

Zu Beginn dieses Kapitels wird Mark Twain zitiert: „Durch Verbot wird alles kostbar."

Gemeint ist hiermit, dass durch ein Verbot genau das Gegenteil bewirkt werden kann, von dem was die Bezugsperson eigentlich beabsichtigt. Ein Verbot kann beim Kind eine intrinsische Motivation auslösen, das Verbotene zu machen. Einerseits um zu sehen, ob man es kann, andererseits um heraus zu finden, was dann die Folge davon ist. Die Frage ist nun, wie können Verbote bzw. Anordnungen so ausgesprochen werden, dass das Kind sie nicht als eine Art „Herausforderung" sieht, sondern sie akzeptiert und von sich aus einhält?

Um diese Einhaltungs- bzw. Ausführungswahrscheinlichkeit Ihrer Anordnungen und Verbote zu erhöhen, können Sie folgende Faktoren beachten:

1. **Beschreiben Sie bei Ihrer Aussage kurz, aber genau, weswegen Sie etwas anordnen oder verbieten.**

Beispiele:
- *Hör bitte auf Deinen kleinen Bruder zu schlagen, es tut ihm weh!*
- *Räumst Du bitte das Puzzle auf, damit keine Teile verloren gehen!*

2. **Lassen Sie – falls notwendig – bei Ihrer Aussage mit einfließen, dass es negative Folgen (Konsequenzen) für das Kind haben wird, wenn es nicht auf Sie hört.**

Beispiele:
- *Hör bitte auf Deinen kleinen Bruder zu schlagen, es tut ihm weh! Ansonsten räume ich alle Deine Spielzeugautos weg.*
- *Räumst Du bitte das Puzzle auf, damit keine Teile verloren gehen! Denn sonst müssen wir es wegschmeißen und Du kannst nicht mehr damit spielen.*

Dieser zweite Punkt kann natürlich auch positiv formuliert werden, nämlich, dass Ihr Kind positive Folgen (Lob oder Belohnungen) erfährt, wenn es Ihre Anordnung oder Ihr Verbot akzeptiert:

Beispiel:
Wenn wir jetzt gehen, darfst Du später noch etwas spielen.

Achten Sie zusätzlich darauf, dass Sie nur eine und nicht mehrere Anordnungen gleichzeitig machen. Junge Kinder registrieren oft nur das zuletzt gesagte. Aus „jetzt räumst Du noch die Stifte weg, wäschst Dir die Hände und dann können wir was zusammen spielen", wird schnell für das Kind „wir spielen was zusammen". Sollen die anderen Aktivitäten zuerst gemacht werden, empfiehlt es sich, eine Anordnung zu sagen, warten bis diese erledigt worden ist und erst danach weiter zu sprechen.

Beispiel:
Mutter zum Sohn: „Räumst Du bitte Deine Stifte weg."
Sohn räumt die Stifte weg. Danach:
Mutter zum Sohn: „Wäschst Du Dir bitte noch die Hände, erst dann können wir was zusammen spielen."
Sohn wäscht sich die Hände.
Und letztlich, Mutter zum Sohn: „Nun können wir das Spiel gemeinsam spielen."

Erst mit zunehmender Reife, in einem Alter ab ca. fünf Jahren, ist ein Kind in der Lage, verschachtelte Informationen, also zwei Anordnungen in einem Satz zu verstehen und nacheinander sinnvoll aufzunehmen. Ab diesem Alter sollten Sie einfache Anforderungen mit mehreren Informationen zu Ihrem Kind sagen, da auch dies geübt und verstanden werden muss.

Sprechen Sie eine Anordnung bzw. ein Verbot sowie die dazugehörige negative Konsequenz aus, haben Sie hierfür zwei Möglichkeiten: (Anmerkung: Für eine bessere Lesbarkeit wird im Weiteren nur noch der Begriff „Anordnung" verwendet worin der Begriff „Verbot" beinhaltet sein soll.)

1. Eine Anordnung und dazu eine <u>genaue</u> Konsequenz, in der <u>genau</u> beschrieben wird, was das Kind erwartet, wenn es die Anordnung nicht einhält. (*Beispiel: „Räum Dein Zimmer auf, oder Du darfst nicht fernsehen.")*

2. Eine Anordnung und dazu eine <u>ungenaue</u> Konsequenz, in der <u>nicht</u> beschrieben wird, was das Kind erwartet, wenn es die Anordnung nicht einhält. (*Beispiel: „Räum Dein Zimmer auf, oder es gibt Ärger.")*

Die erste Möglichkeit hat den Vorteil, dass das Kind genau weiß, was auf es zukommt. Es wird dann bei einem Vergehen die angekündigte darauf folgende Konsequenz (nicht fernzusehen) eher akzeptieren. Nachteilig ist hier, dass das Kind abwägt, ob ihm die Konsequenz wirklich etwas ausmacht. Wenn es beispielsweise im Moment sowieso nicht fernsehen will sondern in seinem Zimmer etwas malen möchte, verliert die Konsequenz an Kraft. Die Wahrscheinlichkeit, dass das Zimmer aufgeräumt wird, ist dann sehr gering.

Bei der zweiten Möglichkeit besteht der Vorteil, dass das Kind diesen Abwägungsprozess nicht haben kann, da es nicht weiß, was auf es zukommt. Oft ist es sogar so, dass die Kinder sich viel schlimmere Konsequenzen ausdenken, die sie sich selbst geben würden, als sie wirklich bekommen werden. Dadurch ist die eigene Abschreckung sehr hoch und die Wahrscheinlichkeit, dass das Zimmer aufgeräumt wird ist ebenfalls hoch. Bei manchen Kindern hingegen wird hierdurch Neugier geweckt; sie wollen wissen, was wohl passieren wird und räumen dann ihr Zimmer erst recht nicht auf. Verstößt das Kind gegen die Aufforderung und erfährt dann eine negative Konsequenz, wird es diese nicht so leicht annehmen. Es wird wahrscheinlich versuchen mit Ihnen zu verhandeln, um die angekündigte Konsequenz abzumildern oder mit Trotz und Wut reagieren.

Es lässt sich nicht verallgemeinernd sagen, welche Variante die Bessere ist. Sie sollten als Bezugsperson beide Möglichkeiten abwechselnd anwenden und dadurch erfahren, was Ihnen persönlich besser liegt bzw. womit Sie für sich bessere Erfolge erzielen. Auch kann es sein, dass bei dem einen Kind die eine, und bei dem nächsten Kind die andere Variante besser funktioniert bzw. heute die erste und morgen die zweite Option die bessere Wahl ist. Probieren Sie es für sich aus, genügend Testmöglichkeiten wird es sicher bereits demnächst für Sie geben!

Kapitel 6.4.1: „Wenn-Dann", „Entweder-Oder" und „Du hast die Wahl" – Methode

Um Anordnungen wirksamer zu machen, bzw. um eine Verhaltensänderung eher zu bewirken, empfiehlt es sich, die Anordnung mit Konsequenz mit einer „Wenn-Dann", „Entweder-Oder" oder „Du hast die Wahl" Komponente zu ergänzen, die jeweils auch miteinander kombinierbar sind. Dabei können Sie die Konsequenz wieder genau benennen, oder sie nur allgemein andeuten.

Beispiel 1:
„Wenn Du jetzt Dein Zimmer nicht aufräumst, dann darfst Du auch kein fernsehen gucken". bzw.
„Wenn Du jetzt Dein Zimmer nicht aufräumst, dann bekommst Du Ärger".

Beispiel 2:
„Entweder Du räumst jetzt Dein Zimmer auf, oder Du darfst kein Fernsehen mehr gucken".
„Entweder Du räumst jetzt Dein Zimmer auf, oder Du bekommst Ärger".

Beispiel 3:
„Du hast die Wahl: Entweder Du räumst Dein Zimmer jetzt auf, oder Du darfst kein fernsehen mehr gucken" bzw.
„Du hast die Wahl: Entweder Du räumst Dein Zimmer jetzt auf, oder Du bekommst Ärger"

In allen drei Varianten gibt die Bezugsperson die Initiative an das Kind weiter. Das Kind darf selbst für sich entscheiden, wie eine Situation vollzogen werden soll. Zum einen fördert dies das Selbstvertrauen des Kindes und es wird in eigenverantwortliche Entscheidungsprozesse mit einbezogen. Zum anderen weiß es, dass: „Wenn ich jetzt nicht handle, dann folgt etwas für mich Unangenehmes darauf. Es liegt an mir, ob ich es nun mache oder nicht."
Bereits im mittleren Kindergartenalter, also ab ca. vier Jahren, haben die Kinder die Reife erlangt, um diesen Prozess zu verstehen.
Entscheidet sich das Kind dafür, sein Zimmer aufzuräumen, können Sie diese Aktion durch beispielsweise Lob und Anerkennung fördern und verstärken. Zeigen Sie Ihrem Kind, dass Sie zufrieden mit seiner Leistung sind.
Räumt das Kind sein Zimmer nicht auf und es ignoriert Sie, liegt es an Ihnen eine Konsequenz – beispielsweise kein Fernsehen zu gucken – durchzuziehen. Erklären Sie dann, dass es nicht seine Lieblingsserie gucken darf, weil es das Zimmer nicht aufgeräumt hat.
Sehr wichtig ist, dass Sie die zuvor angekündigte Konsequenz dann auch anwenden. Andernfalls wird Ihr Kind sich merken: „Ich kann machen was ich will, was Mama sagt, macht sie ja eh nicht." Für Sie wird es dann immer schwieriger werden Ihr Kind zu erziehen, da es immer weniger auf Sie hören wird.

Kapitel 6.4.2: Die „1,2,3" – Zählmethode

Eine weitere sehr oft angewendete erfolgreiche Methode ist die „1-2-3" – Zählmethode. Hierbei sagen Sie dem Kind, dass Sie nun bis drei zählen und fordern es auf, innerhalb dieses Zeitraums etwas zu tun – oder etwas zu unterlassen. Wichtig dabei ist, dass Sie so langsam zählen, dass das Kind die Aufgabe auch erfüllen kann. Zögern Sie dabei die Zahlen „eins" und „zwei" zeitlich hinaus, sofern das Kind sich bemüht die Aufgabe zu erfüllen. Auch können Sie nach „2" eine kurze Pause machen, um dem Kind Zeit zu geben die Aufgabe zu meistern. Nur wenn es nichts macht – die Anforderung also nicht erfüllen möchte – enden Sie mit „drei" und müssen dann eine Konsequenz folgen lassen, die Sie entweder zuvor erklärt haben oder sich nun einfallen lassen müssen.

Zwei Beispiele:
Ich zähle nun bis drei und dann kommst Du bitte her! EINS-ZWEI-
Bei drei bist Du bitte hier! Eiiiiiiins, zweiiiiiiiiiiiiiiii,

Nun gibt es zwei Möglichkeiten, wie das Kind auf die Zählmethode reagieren kann:
Möglichkeit a:
Das Kind folgt Ihrer Aufforderung und alles ist gut – vergessen Sie dann nicht es positiv durch beispielsweise ein kurzes Lob (z.B. „schön, dass Du jetzt hier bist") zu ermutigen.
Möglichkeit b:
Das Kind folgt Ihrer Aufforderung nicht. Dann müssen Sie bis drei zählen (Die Zahl drei auch laut aussprechen) und dann eine Konsequenz für das Kind äußern und diese auch einhalten.

Diese Zählmethode könnte sowohl in diesem Kapitel, als auch in Kapitel 6.2 unter dem Stichwort Konkurrenz aufgeführt werden. Sie basiert auf folgenden zwei Annahmen:

a) Das Kind empfindet die Ankündigung als eine Drohung und möchte keine negativen Konsequenzen erfahren, wenn es der Aufforderung nicht nachkommt.
b) Das Kind empfindet die Ankündigung als eine Herausforderung, die Ankündigung innerhalb der vorgegebenen Zeit – bis drei zählen – zu schaffen und Ihnen damit zu demonstrieren, was es im Stande ist zu leisten.

Um Missverständnissen zuvor zu kommen: Das Kind soll nicht unbedingt innerhalb dieser Zeit etwas erledigen, sondern damit beginnen! Wenn es beispielsweise bei „zwei" anfängt langsam zu ihnen zu kommen, dann zögern Sie das Zählen weiter hinaus oder unterbrechen es, sodass es die Aufgabe erledigen kann bevor Sie „drei" gesagt haben. Sollte das Kind jedoch mit der Aktion wieder aufhören müssen Sie bis „drei" zählen und Konsequenzen folgen lassen!

Kapitel 6.5: Signale

Um zukünftigem negativen Verhalten vorzubeugen, können Signale erfolgreich eingesetzt werden. Signale können sowohl bei Kindergruppen, als auch bei einzelnen Kindern sehr erfolgreich angewendet werden.

Vereinbaren Sie mit dem jeweiligen Kind bzw. mit der jeweiligen Gruppe für <u>eine bestimmte Situation ein Zeichen</u>, dass Sie geben, wenn das Kind dabei ist, ein bestimmtes negatives Verhalten an den Tag zu legen.

Ein berühmtes Beispiel ist in der Grundschule oder in der Kindertagesstätte das „Stillezeichen". Die Bezugsperson legt dabei den Zeigefinger auf den Mund, während sie den anderen Arm in die Höhe streckt. Die Kinder sollen dadurch merken, dass sie zu laut sind und ruhiger werden.
Ein weiteres Beispiel für einzelne Kinder ist der „Aufzug". Sie vereinbaren mit einem Kind, dass es sein aktuelles (unerwünschtes) Verhalten beenden und sich ruhiger verhalten bzw. ein gewünschtes Verhalten anwenden soll. (Der Aufzug bedeutet, dass die Bezugsperson das Kind ansieht und langsam ihre Hand von oben [Kopfhöhe] nach unten [ca. Brusthöhe] bewegt. Ihre Handfläche ist dabei waagerecht zum Boden und direkt vor dem eigenen Körper. Die folgende Skizze verdeutlicht diese Methode:

Beim Einsatz von Signalen müssen Sie folgende beiden Grundlagen beachten, um regelmäßige Erfolge zu erzielen:

- **Das Kind bzw. die Gruppe muss genau wissen, was es bei dem jeweiligen Signal zu tun hat bzw. welches Verhalten es dann zeigen muss**. Dies muss zuvor mit dem Kind klar und deutlich besprochen werden.
- **Das Signal muss zu Beginn regelmäßig angewandt werden, wenn die aktuelle Situation dies erfordert.** Lassen Sie das Signal aus oder wenden Sie es nur unregelmäßig an, verlassen sich die Kinder nicht mehr darauf und es verliert seine Wirkung. Hier sind Sie persönlich sehr gefordert, denn wenn Sie Signale einsetzen, müssen sie auch daran denken und dürfen sie nicht vergessen zu verwenden!

Signale können aber nicht nur genutzt werden um negativem Verhalten vorzubeugen, sondern auch um positives Verhalten zu fördern und zu diesem zu animieren.

Beispiel:
Die Kinder bekommen vom Lehrer an der Tafel einen neuen Sachverhalt erklärt. Anschließend sollen sie diesen für sich üben. Beim Übergang von der Erklärung zur Übungsphase wendet der Lehrer folgendes Signal an:
Lehrer: „Auf die Plätze, fertig…
Alle Schüler gemeinsam: …los!"

Den Kindern ist durch diese symbolhafte Handlung bekannt, dass sie darauf hin zu arbeiten anfangen sollen.

In der Literatur gibt es folgende drei Arten von Signalen, die Sie als Bezugsperson beispielsweise anwenden können:

Stumme Signale: Stille Zeichen, ohne dass Worte gesprochen werden (z.B. Stillezeichen, Aufzug, bestimmte Gegenstände auf den Tisch stellen, die bestimmte Handlungen bedeuten sollen).

Verbale Signale: Ein Signalwort oder -Satz, bei dem alle wissen, was zu tun ist. Z.B. „Einfrieren" wenn alle sofort ganz still sein müssen und sich nicht mehr bewegen dürfen. Oder wie der Satz aus dem obigen Beispiel, bei dem die Kinder wissen, dass sie nun zu arbeiten anfangen sollen.

Akustische Signale: Klangstab, Glöckchen oder bestimmte Melodien. Sobald das Geräusch erklingt, sollen die Kinder dies mit einer bestimmten Tätigkeit bzw. einem bestimmten Verhalten in Verbindung bringen.

Es gibt noch eine Vielzahl anderer Signalmöglichkeiten. Testen Sie für sich selbst aus, ob Sie Signale verwenden wollen und wie sie dann am besten funktionieren.

Das eigentliche Ziel der Signale ist es, dass das Kind eine intrinsische Motivation für gewünschtes Verhalten entwickelt. Wenden Sie als Bezugsperson Signale regelmäßig mit Erfolg an, kann dies zur positiven Folge haben, dass das Kind das gewünschte Verhalten verinnerlicht und Sie zukünftig das Signal immer weniger nutzen müssen. So oft wie nötig – und ja nicht weniger! – und so wenig wie möglich ist hier die Devise für Sie. Setzen Sie ihre Signalgebung zu früh aus, führen Sie sie einfach wieder regelmäßiger ein.

Auch sollten Sie beachten, dass manche Signale von den Kindern nicht angenommen werden. Die Kinder werden dann nicht danach handeln. Besprechen Sie mit den Kindern bzw. mit dem Kind –sofern diese dazu reif genug sind –, welche Signaltypen gewollt werden und einigen Sie sich dann gemeinsam auf dieses bestimmte Signal. Das Signalmittel muss natürlich auch Ihnen gefallen sowie einfach, schnell und kostengünstig einzusetzen sein.

Kapitel 6.6: Rituale

Eine immer wiederkehrende Abfolge von regelmäßigen Aktionen ist sehr wichtig für das Kind. Täglich wirken unzählige Neuheiten auf das Kind ein, auf die es sich einzustellen hat. Werden bestimmte Aktionen immer wieder wiederholt, erkennt das Kind dies und verinnerlicht die Abläufe – ähnlich wie es bei Signalen der Fall ist. Etwas Unbekanntes wird bekannt und vertraut. Die Abläufe dieser Prozedur werden gelernt und von selbst angewendet.

Beispiel:

Bei Familie Schmidt gibt es Abendessen. Der Vater ruft „essen ist fertig", worauf die Mutter mit der dreijährigen Tochter zusammen die Hände waschen geht. Erst nach dem Waschen gehen sie zum Essen. Dies machen die Eltern jeden Abend so. Bereits nach wenigen Wochen, wenn gerufen wird, dass es essen gibt, hat das Kind verinnerlicht, dass sich zuerst die Hände gewaschen werden müssen, bevor es etwas zu essen gibt.

Rituale müssen jedoch in der jeweiligen Situation stets von allen Beteiligten angewendet werden. Geht der Vater sich beispielsweise nicht die Hände waschen, merkt sich das Kind dies ebenfalls und überlegt bald, es geht ja auch ohne sich die Hände zu waschen.

Ebenso sollten Rituale konsequent durchgeführt werden. Wenn es mal nicht angewendet wird, gilt es dem Kind zu erklären, dass dies eine Ausnahme ist und es normal anders, nämlich wie gewohnt verläuft.

Kapitel 7: Fehler und Unterstützung

Alle Menschen machen Fehler. Altersunabhängig beginnen wir ab der frühen Kindheit bis ins späte Greisenalter Fehler zu begehen. Andauernd und immer wieder. Viele Menschen denken, es ist schlimm Fehler zu machen, was in diversen Bereichen ja auch stimmt.

Bezugspersonen wollen sehr oft ihre Kinder vor Fehltaten bewahren. Doch es ist teilweise sehr wichtig, dass Kinder Fehler machen, denn daraus lernen sie, wie sie etwas verbessern können. Erfahrungen prägen sich ein und Methoden werden erlernt, wie an ein jeweiliges Problem bzw. eine Aktion heranzugehen ist – oder auch nicht.

Zusätzlich fördern Misserfolge die Frustrationstoleranz und die Kinder lernen, dass es nicht immer schlimm ist, wenn sie etwas falsch machen oder etwas nicht gleich gelingt, wie sie wollen.

Daher sollen Sie als Bezugsperson Ihr Kind Fehler machen lassen. Wenn Ihr Kind beispielsweise mit Sandalen in eine Pfütze springen will, lassen Sie es zu – sofern die Randbedingungen (Wetter, Termine etc.) passen.

Wenn Eltern zu sehr um das Wohl ihres Kindes bemüht sind und es vor Fehltaten stets schützen, ist dies ein gravierender Einschnitt in der Entwicklung des Kindes!

Ein weiterer Aspekt ist der Umgang mit Konflikten. Eltern neigen dazu, den Konflikt für ihr Kind selbst austragen zu wollen.

Beispiel:
Die kleine Andrea spielt mit einem gleichaltrigen Kind im Sandkasten. Dieses Kind nimmt nun Andrea ihre Schaufel weg. Sofort eilt Andreas Mutter herbei, schimpft mit dem anderen Kind, nimmt ihm die Schaufel ab und gibt sie ihrer Tochter zurück.

Bei diesem Beispiel schreitet die Mutter in das Geschehen ein, um ihrem Kind wieder zum Recht und somit zu der Schaufel zu verhelfen. Dadurch nimmt sie ihrem Kind die Chance eigene Erfahrungen zu machen und sich Konfliktfähigkeit anzueignen. Wie soll das Kind in späteren Lebensjahren mit Konfliktsituationen umgehen, wenn es bis ins Grundschulalter – oder auch noch darüber hinaus – dies nicht erlernen durfte? Natürlich wird das Kind bei solchen Konflikten oft auch Fehler machen und dadurch „verlieren" und zurückstecken müssen. Jedoch wird es mit jeder neuen Situation, der es sich stellen muss, Erfahrung und Kompetenzen erlangen.

Lassen Sie daher Ihr Kind einen Konflikt so weit wie möglich alleine versuchen zu bestreiten, auch wenn es dann mal seinem Gegenüber unterliegt. Eventuell können Sie als unterstützende Kraft einige Tipps geben, wie das Kind reagieren könnte oder Sie begleiten es im Hintergrund, während es den Konflikt zu lösen versucht. Natürlich müssen Sie einschreiten, wenn akute Verletzungsgefahr besteht oder Eigentum gefährdet wird. Bewahren Sie das Kind nur dann vor Fehlern, wenn es sich oder andere dadurch ernsthaft verletzen kann bzw. Sachschaden entsteht.

Selbstverständlich benötigen Kinder in manchen Situationen auch Unterstützung und Hilfe. Wird Ihr Kind beispielsweise von einem großen Hund angebellt und es in diesem Fall „Todesangst" hat, müssen Sie Ihr Kind schützen; ob dieser Hund eigentlich ein ganz braves, neugieriges Tier ist, ist hier erst mal nicht von Belang.

Eine Frage die Bezugspersonen häufig beschäftigt ist, in wie weit sie ihr Kind in diversen Situationen unterstützen und helfen sollten. Sowohl zu viel, als auch zu wenig Unterstützung kann negative Auswirkungen auf wichtige Entwicklungsprozesse des Kindes haben:

Unterstützen Sie Ihr Kind zu häufig, d.h. nehmen Sie ihm Aufgaben ab oder vereinfachen Sie diese, sodass die Herausforderung diese zu meistern sehr gering ist, behindern Sie dadurch beispielsweise das Erlernen von Selbstständigkeit, Erfolgserlebnissen und Frustrationstoleranz immens!

Unterstützen Sie Ihr Kind hingegen nur sehr selten und gehen Sie nicht auf seine Bedürfnisse ein, kann auch dies negative Auswirkungen haben. Beispielsweise lernt es sich ausschließlich auf sich selbst verlassen zu können und kann Freunden nur schwer Vertrauen und Beständigkeit entgegenbringen. Zusätzlich könnte es später größere Probleme im Umgang mit Gruppen und Teamfähigkeit bekommen.

Darüber hinaus muss sehr darauf geachtet werden, dass Kinder sich nicht „dumm stellen" und die Bezugsperson viel mehr machen lassen möchten, als es notwendig ist. Hierzu eine passende

Anekdote aus dem Alltag: „Zwei Grundschulkinder unterhalten sich. Meint der eine: Ich habe schon mit zwei Jahren laufen können. Entgegnet der andere: Da war ich cleverer, ich ließ mich bis 4 Jahre tragen." Lassen Sie sich als Bezugsperson nicht von Ihrem Kind ausnutzen!

Eine Redewendung besagt, dass ein Pädagoge dann gut ist, wenn er sich überflüssig macht. Nur wenn das Kind Aktionen selber macht, kann es sie erlernen!
Ebenso gilt es für Bezugspersonen, dass sie ihre Kinder ziehen lassen müssen, was vor allem für viele Eltern ein sehr schwieriger Akt ist.

Allgemein kann gesagt werden, unterstützen Sie Ihr Kind so viel wie nötig und so wenig wie möglich!

Nun wurde die ganze Zeit über das Kind geredet. Wie ist es aber mit Ihnen? Auch wir Erwachsene machen Fehler bei der Erziehung unserer Kinder. Und dies wahrscheinlich täglich mehrmals! Sicher haben Sie schon Situationen erlebt, in denen Sie später gedacht haben, dass dies wohl nicht so glücklich gewesen ist. Seien Sie nicht zu hart mit sich selbst. Auch Sie dürfen Fehler machen! Denn auch Sie lernen daraus, wie es zukünftig wohl besser geht.
Wenn Ihnen auffällt, dass Sie bei Ihrer Erziehung des Kindes einen Fehler gemacht haben, gilt:

1. **Versuchen Sie den Fehler zu korrigieren, soweit dies Ihnen möglich ist!**
2. **Versuchen Sie Ihren Fehler bei dem Kind begründet zu entschuldigen!**

Ja, Sie haben richtig gelesen: Auch Sie als Bezugsperson können sich beim Kind entschuldigen. Das Kind lernt, dass man nicht perfekt sein muss – was niemand ist –, um dennoch eine respektvolle Autoritätsperson zu sein.

Beispiel:
Die neue Erzieherin teilt im Hort den Kindern das Essen aus. Es gibt Milchreis. Der sechsjährige Jakob isst nichts und sagt, dass er etwas anderes haben möchte. Die neue Erzieherin sagt zu ihm, er soll das Essen zu sich nehmen, weil es sonst nichts anderes gibt. Dennoch isst er nichts. Gleichgültig lässt sie ihn vor dem leeren Teller sitzen. Nach dem Essen erfährt sie, dass Jakob laktoseintolerant ist und keine Milchprodukte verträgt. Für ihn gab es ein Extraessen, was die Erzieherin aber vergessen hatte. Sie geht zu dem Jungen hin und sagt: „Bitte entschuldige Jakob, ich habe vergessen, dass Du das nicht essen durftest und Du ein anderes Essen hattest. Wenn Du willst, kannst Du jetzt noch das Essen haben. Komm mit, ich mache es Dir warm."

In dem Beispiel gesteht die Erzieherin ihren Fehler ein (sie entschuldigt sich) und will ihn wieder gut machen, indem sie Jakob anbietet doch noch das richtige Essen zu sich nehmen zu dürfen.

Kapitel 8: Gruppen, Bühne frei und Machtkampf

Soziale Kontakte außerhalb der Familie sind sehr wichtig für Kinder. Soziale Kompetenzen wie beispielsweise das Lösen von Konflikten oder das Bilden von Freundschaften werden erlernt und gefördert. Daher ist es zwingend notwendig, dass Ihr Kind sich immer wieder mit anderen Kindern treffen kann. Bereits ab einem Alter von einem Jahr können Sie damit beginnen, Ihr Kind immer wieder mit anderen kleinen Kindern zusammenzubringen. Laden Sie andere Kinder bzw. die Freunde Ihres Kindes – und evtl. auch deren Eltern – zu sich ein, verabreden Sie sich in Parks oder auf Spielplätzen oder gehen Sie regelmäßig mit Ihrem Kind in einen Sportverein. Wenn das Kind alt bzw. reif genug ist, müssen Sie als Bezugsperson natürlich immer weniger dabei sein. Zuerst reicht es aus, wenn Sie nur daneben sitzen, dann einige Zeit weg gehen, und schließlich nur noch für den sicheren Hin- und Rückweg sorgen. Achten Sie bei Treffen mit anderen Kindern aber auch darauf, ob Ihr Kind dazu Lust hat; fragen Sie nach, was es gerne machen möchte und einigen Sie sich auf eine Aktivität, sofern diese für Sie natürlich realisierbar ist.

Oft ist es dann so, dass sich die Kinder schnell mit anderen Kindern gruppieren. Je nach Definition, besteht eine Gruppe aus mindestens zwei oder drei Personen. Jeder von uns verhält sich in einer Gruppe teilweise ganz anders, als er es privat tun würde. Der Gruppenzwang kann uns zu völlig unbegründeten Handlungen verleiten. Es ist absolut natürlich und evolutionär bedingt, dass man sich in der Gruppe möglichst positiv hervortun möchte. Man möchte seine Qualitäten zeigen und den anderen imponieren. Besonders wichtig ist einem das, wenn in der Gruppe Menschen sind, die einem ähneln. Im Allgemeinen beginnt dies bereits im Kleinkindalter, spätestens zu Beginn der Kindergartenzeit und zieht sich durch das ganze Leben hindurch.

Kinder verstoßen dann absichtlich gegen bekannte Regeln und verhalten sich extra gegen die Bezugspersonen. Sehr häufig geschieht dies in Zusammenhang, wenn Kinder im gleichen Alter in der Nähe sind, wie etwa im Klassenraum, in Kitas, oder bei Treffen mit Freunden oder Verwandten. Obwohl es negative Konsequenzen hat, zeigen die Kinder ungebührliches Verhalten. Interessant ist hierbei, dass Verhalten, das normalerweise funktioniert, in diesen Situationen dann ganz anders von den Kindern ausgelebt wird. Während zuhause beispielsweise beim Essen nicht mehr geschmatzt wird, geschieht dies (und wahrscheinlich noch weitaus mehr) beim gemeinsamen Essen im Hort. Drohungen und Konsequenzen bewirken hierbei erst mal wenig oder auch nichts.

Die Kinder erfahren in solchen Situationen nämlich eine viel höhere Anerkennung, als es ein Erwachsener ihnen geben könnte: Sie haben die Anerkennung und Wertschätzung der gleichaltrigen Gruppe!

Die Kinder haben dann eine Bühne, auf der sie sich profilieren können. Sie können den anderen zeigen, welche Fähigkeiten sie haben und sich dadurch hervortun. Dieses Hervortun ist ganz natürlich. Bis zu einem gewissen Grad und einer gewissen Lautstärke, sollte dies auch von den Bezugspersonen im Rahmen der Gruppe toleriert werden. Wenn es jedoch zu intensiv wird und der Akteur sich, andere oder seine Umwelt beschimpft, gefährdet oder beschädigen will, muss Einhalt geboten werden.

Den Betreffenden vor der Gruppe zu ermahnen, ihm Anweisungen oder Konsequenzen zu erteilen, endet schnell in einem Machtkampf. Je älter bzw. je reifer das Kind ist, desto gravierender können die Folgen eines solchen Machtkampfes sein. Der Akteur, das Kind, verweigert die Aufforderungen und stellt sich demonstrativ gegen den Erwachsenen. Wird der Machtkampf nun weiter geführt kann es nur Verlierer geben: Setzt sich die Bezugsperson durch, verliert das Kind sein Ansehen bei den anderen Kindern der Gruppe. Es gibt klein bei und gibt auf. Diese Demütigung geschieht vor allen anderen Gleichaltrigen. Die Folgen hiervon können bis zu Hassgefühlen gegen die Bezugsperson reichen; Sie haben in diesem Moment das Kind blamiert und seinen Stolz gekränkt. Setzt sich hingegen das Kind bei einem Machtkampf durch, ist die erwachsene Bezugsperson in der Klemme: Sie erleidet vor allen anderen Anwesenden einen Respekts- und Autoritätsverlust. Das Kind könnte zukünftig öfters Aktionen machen, die gegen die Bezugsperson gerichtet sind, oder andere Kinder könnten es nachahmen und sich in ähnlicher Weise gegen die Bezugsperson wenden.

Falls Sie dennoch in die Situation eines solchen Machtkampfes hineingeraten, versuchen Sie schnellst möglich wieder daraus zu kommen, indem Sie eine kurze Anordnung mit Drohung und Wahlmöglichkeit formulieren, wobei der Erwachsene diese Aussage mit einer ganz normalen Miene und klarer, normalen Lautstärke formulieren muss. Die Anordnung muss leicht verständlich, deutlich und unmissverstanden lauten. Die Bezugsperson muss direkt das Kind ansprechen und sich sicher sein, dass dieses die Botschaft vernommen hat. Das folgende Bild verdeutlicht die Situation:

77

Der Kern der Aussage des Pädagogen ist, dass der mögliche Streit auf später vertagt wird, in eine Situation, bei der niemand anderes mehr dabei ist, bei der es keine Bühne mehr für das Kind gibt.

Es steht hierbei nicht im Vordergrund, ob Tim sein Verhalten nun ändert oder nicht.

Versuchen Sie, so bald wie möglich nach der aktuellen brisanten Situation das Geschehene mit dem Kind zu besprechen. Gehen Sie zusammen mit dem Kind aus der Gruppe raus, zu einem separaten Ort – wenn möglich nur wenige Sekunden nachdem die Drohung von Ihnen geäußert wurde und es nicht besser geworden ist; eben sobald es für Sie möglich ist.

Sind Sie und das Kind schließlich ungestört, kann dann das Fehlverhalten des Kindes besprochen und Lösungen erarbeitet werden, wie es zukünftig besser werden kann. Denken Sie daran, dass das Kind aufnahmefähig sein muss. Ist es wutentbrannt oder weinend untröstlich, kann mit ihm noch nichts besprochen werden, sondern es muss erst wieder ein „Normalzustand" erreicht werden. Sobald Sie dann mit ihm die Situation besprechen, seien Sie hierbei zielorientiert und äußern Sie Ihre Gefühle. Auch Konsequenzen können angedroht oder auch verhängt werden. Der große Vorteil bei diesem Gespräch im kleinen Kreis bzw. unter vier Augen ist, dass keine der beiden Parteien, weder das Kind noch die Bezugsperson, dadurch einen Gesichtsverlust vor anderen erleiden könnte.

Beispiel:

„Tim, ich bin enttäuscht von Dir, dass Du eben die ganze Zeit nicht mitgearbeitet hast. Ich möchte bitte, dass Du in Zukunft wieder mitmachst. Ansonsten gibt es Konsequenzen für Dich. Du hast die Wahl, es liegt ganz bei Dir. Hast Du das verstanden?"

Es gilt also:
Vermeiden Sie Machtkämpfe und, falls es doch dazu kommt, beenden Sie diese schnellstens!

Kapitel 9: Das „Kochrezept" der Erziehung

Obwohl es im Vorwort zwar beschrieben und im Verlauf des Ratgebers immer wieder vorgestellt wurde, gibt es an und für sich kein „Schema F" der guten Erziehung. Es muss immer ausprobiert, angewendet und reflektiert werden, welche Erziehungsmethode für welches Kind in welcher Situation die größten Erfolgsaussichten hat. Ohne Hintergründe zu nennen – diese können Sie in den einzelnen Kapiteln nachschlagen – soll in diesem Kapitel dennoch ein Leitfaden vorgestellt werden, wie Sie als Bezugsperson handeln könnten, um eine für Sie erfolgreiche Erziehung des Kindes zu erreichen.

1. **Für eine gute Erziehung ist eine gute Beziehung die Basis!!!** Nehmen Sie am Leben des Kindes teil; zeigen Sie Interesse für das, was Ihr Kind macht und was es beschäftigt. Wertschätzen Sie es und zeigen Sie ihm, dass Sie es gernhaben bzw. lieben!

2. **Bedenken Sie die Reife des Kindes. Fordern Sie nur so viel von ihrem Kind, wie es auch psychisch und physisch in der Lage ist zu leisten.** Nehmen Sie gleichzeitig Ihrem Kind aber nicht zu viele Aufgaben ab. Es darf weder über- noch unterfordert sein.

3. **Achten Sie darauf, dass die körperlichen Grundbedürfnisse des Kindes erfüllt sind und keine Ausnahmezustände herrschen,** da es sonst nicht aufnahmefähig ist.

4. **Tadeln Sie schlechte Verhaltensweisen und loben bzw. belohnen Sie gewünschtes Verhalten. Seien Sie dabei höflich, konsequent und versuchen Sie Negationen zu vermeiden! Nehmen Sie hierfür die passende nonverbale Kommunikation ein (Körpersprache, Mimik) und versuchen Sie in der Ich-Form zu sprechen.** Gehen Sie dabei wie folgt vor:

   a. Vergewissern Sie sich, dass Sie die volle Aufmerksamkeit des Kindes haben. Das Kind soll Ihnen zuhören und darf nicht abgelenkt werden. Sprechen und schauen Sie es auf Augenhöhe an, gehen Sie an einen ruhigen Ort und stellen ggf. Körperkontakt her, sofern das Kind dies zulässt.

   b. Sagen Sie dem Kind sachlich genau, was es falsch gemacht hat. Oft wissen Kinder nicht, was bei ihrem Verhalten negativ war. Dies müssen Sie dem Kind zuerst verständlich erklären bzw. Sie müssen sicher sein, dass das Kind sein Fehlverhalten registriert. Versuchen Sie Empathie und Verständnis bei dem Kind zu erzeugen.

   c. Zeigen und sagen Sie dem Kind, dass Sie sein Verhalten nicht gut finden. Bringen Sie Ihre Gefühle zum Ausdruck (Wut, Trauer, Enttäuschung etc.). Wenn Sie es für nötig erachten, wenden Sie Konsequenzen <u>angemessen</u> und <u>situationsgerecht</u> an oder ignorieren Sie das Kind. Wenden Sie hierbei niemals körperliche oder psychische Gewalt gegen das Kind an!

   d. Erklären Sie ganz deutlich <u>zielorientiert</u>, wie sich das Kind zukünftig verhalten soll. Fragen Sie nach und vergewissern Sie sich, ob das Kind Sie verstanden hat. Verwenden Sie hierfür die Methoden aus Kapitel 6.

   e. Wenden Sie bei gewünschtem Verhalten positive Verstärker wie Belohnungen und vor allem Lob und Anerkennung an. Besonders bei nur kleinen Fortschritten müssen Sie diese bereits wertschätzen. Achten Sie darauf, dass Sie überwiegend sachlich bezogen und in einem <u>angemessenen</u> Verhältnis belohnen und loben. Zuviel des Guten ist ebenso schädlich wie zu wenig! Versuchen Sie immer wieder kehrende positive Verhaltensweisen – wie z.B. Hände waschen vor dem Essen – in Rituale zu überführen, an die sich <u>alle</u> Beteiligten – auch Sie – halten.

5. **Unterstützen Sie Ihr Kind nur soweit, bis es wieder alleine weiter machen kann.** Nicht mehr und nicht weniger! **Das Kind muss eigene Fehler machen dürfen, denn daraus lernt es!**

6. **Versuchen Sie Auseinandersetzungen in Gruppen zu vermeiden.** Nur die Beteiligten sollen am Streitgespräch teilhaben. Vermeiden Sie unbedingt Machtkämpfe, da es dabei nur Verlierer geben kann!

Vergessen Sie bei all diesen Tipps und Ratschlägen nie das Wichtigste:

Haben Sie Freude an und mit Ihrem Kind!